ΣBEST シグマベスト

中学国文法

実力アップ問題集

新国語研究会 編著

EXERCISE BOOK | JAPANESE

文英堂

この本の特長

実力アップが実感できる問題集です。

1 初めの「重要ポイント/重要ポイント確認問題」で，定期テストの要点が一目でわかる！

2 「3つのステップにわかれた練習問題」を順に解くだけの段階学習で，確実にレベルアップ！

3 苦手を克服できる別冊「解答と解説」。問題を解くためのポイントを掲載した，わかりやすい解説！

入試問題で，実戦力を鍛える！

模擬テスト

実際の高校入試過去問にチャレンジしましょう。

カンペキに仕上げる！

実力アップ問題

定期テストに出題される可能性が高い問題を，実際のテスト形式で載せています。

標準問題

定期テストで「80点」を目指すために解いておきたい問題です。

差がつく　解くことで，高得点をねらう力が付く問題。

基礎問題

定期テストで「60点」をとるために解いておきたい，基本的な問題です。

重要　みんながほとんど正解する，落とすことのできない問題。

ミス注意　よく出題される，みんなが間違えやすい問題。

基本事項を確実におさえる！

重要ポイント/重要ポイント確認問題

重要ポイント　各単元の重要事項を1ページに整理しています。定期テスト直前のチェックにも最適です。

重要ポイント確認問題　重要ポイントの内容を覚えられたか，チェックしましょう。

もくじ

1章 文法の基礎

2章 名詞（体言）

活用のない自立語

3章 副詞・連体詞

活用のない自立語

4章 接続詞・感動詞

活用のない自立語

もくじ

8章 助詞
活用のない付属語

9章 敬語

1 ことばの単位

重要ポイント

①ことば

□ **ことば**…自分の考えをまとめたり、それを人に伝えたりする働きをもった表現。

□ **口語と文語**…**現在使っていることば**を口語、**古い時代のことば**を文語という。

②ことばの単位

□ **文章**…一まとまりの、ある内容を書き表したもの全体。

□ **段落**…文章の中で内容ごとにくぎられた一まとまり。

□ **文**…句点(。)から句点までの一続きのことば。

□ **文節**…意味がわかる範囲のできるだけ短いくぎり。

例 向こうに／見える／赤い／屋根は／教会の／屋根です。

□ **単語**…ことばとして役割をもつ最も小さい単位。

例 向こう｜に｜見える｜赤い｜屋根｜は｜教会｜の｜屋根｜です。

◉ **文章と文**

ふだんは「文章」と「文」をあまり区別せずに使っているが、文法ではきちんと区別する必要がある。一編の長編小説も一つの俳句も、その長さにかかわりなく、一つの文章である。

また、テストでは「一文をぬき出せ」という形で問題が出ることがある。こういう場合は、一つの文を書き出しから句点(。)までぬき出して答える必要がある。

◉ **文節の切れ目**

「ネ」や「サ」を入れて、不自然にならないところが文節の切れ目となる。

例 お母さんはネ　町へネ　買い物にネ　出かけたネ。

重要ポイント確認問題

1 ことば

次の各文の（　）にあてはまる語を答えなさい。

□(1)（　　）とは、現在使っていることばのことである。

□(2)（　　）とは、古い時代のことばのことである。

2 口語と文語

次の各文は口語と文語のどちらにあたるか。答えなさい。

□(1) 駅のホームではたくさんの人が電車を待っていた。（　　）

□(2) 今は昔、竹取(たけとり)のおきなといふ者ありけり。（　　）

□(3)「何やってるの。早くおいでよ。」「うん、わかった。」（　　）

3 ことばの単位

次の各文の（　）にあてはまる語を答えなさい。

□(1) 一まとまりの、ある内容を書き表したもの全体を（　　）という。

□(2) 文章の中で内容ごとにくぎられた一まとまりを（　　）という。

□(3) 句点から句点までの一続きのことばを文という。また、意味がわかる範囲(はんい)でできるだけ短くくぎったものを（①　　）、ことばとして役割をもつ最も小さい単位を（②　　）という。

答

1

(1) 口語
(2) 文語

2

(1) 口語
(2) 文語
(3) 口語

3

(1) 文章
(2) 段落
(3) ① 文節　② 単語

基礎問題

▼答え 別冊 p.2

1 〈文〉

次の文章はいくつの文からできているか。その数を答えなさい。

今朝（けさ）、私は六時に起きた。まず、顔を洗ってから、着替えをした。そして、家族そろって朝食をとり、七時には家を出て学校へ向かった。そこまでは、いつもどおりの朝だった。

［　　］

2 〈文節と単語〉

次の各文はいくつの文節と単語からできているか。それぞれその数を答えなさい。 重要

(1) 桜の花が咲（さ）いた。　**文節**［　　］　**単語**［　　］

(2) 線路がまっすぐに続く。　**文節**［　　］　**単語**［　　］

(3) 丘（おか）の上から小さな村が見える。　**文節**［　　］　**単語**［　　］

(4) 私は毎日、猫（ねこ）にえさをやる。　**文節**［　　］　**単語**［　　］

3 〈文〉

次の文章に句点をつけて、いくつの文からできているかを答えなさい。

(1) ご飯（はん）はお米をたいて作りますお米は田んぼで作りますが田んぼに植えてあるのはお米とは言いませんそれは稲（いね）と言います稲とお米はどう違（ちが）うのでしょうか

［　　］

(2) 朝起きると雨が降っているこれではハイキングは中止だろう太郎がそう考えていると電話が鳴った太郎は受話器を取る昭男（あきお）が残念そうな声で話しだした太郎はがっかりしているのが自分だけではないことを理解した

［　　］

(3) ただいまお帰りなさいおなかへっちゃったすぐ食事にしますからね手を洗ってきなさいはい

［　　］

(4) オープンしたばかりのきれいなレストランで気持ちよく働いてみませんかくわしいことを知りたい人は電話でおたずねください

［　　］

ヒント

1 句点（。）がそれぞれの文の終わりを示す。したがって、句点の数を数えれば、文の数がわかる。

2 「ネ」「サ」を入れて切れるところが文節の切れ目である。文節をさらに細かく切って、これ以上細かくするとことばとしての役割（やくわり）が失われてしまうという最小の単位が単語である。

標準問題

▼答え　別冊 p.2

1 〈文節〉

次の各文を文節にくぎり、いくつの文節からできているかを答えなさい。 重要

(1) 青い海がどこまでも広がる。［　　］

(2) 食後に歯をみがく習慣をつけよう。［　　］

(3) 東京から京都まで新幹線に乗って旅行した。［　　］

(4) 彼のお兄さんは自転車で学校に通っていました。［　　］

(5) この本を読むと、なんだか勇気が出てきます。［　　］

(6) しとしとと冷たい雨が降ったので、外出する気持ちも失せてしまった。［　　］

2 〈単語〉

次の各文を単語にくぎり、いくつの単語からできているかを答えなさい。

(1) 赤い車が高速道路を走る。［　　］

(2) 母と父は仲の良い夫婦です。［　　］

(3) みんなで明るい社会を築きましょう。［　　］

(4) 田中君がこの本をここに置いた。［　　］

(5) 食事はゆっくり時間をかけてするのがいい。［　　］

(6) 日本の上空に梅雨前線があって、全国的に雨でしょう。［　　］

3 〈文節と単語〉

次の各文はいくつの文節と単語からできているか。それぞれその数を答えなさい。 ミス注意

(1) 必要な荷物だけを持って引っ越しをする。
文節［　　］　単語［　　］

(2) 故郷の海を思い出すと胸がいっぱいになる。
文節［　　］　単語［　　］

(3) あの人にどこかで会ったことがあるような気がする。
文節［　　］　単語［　　］

(4) 兄は病気で寝ていますので、みなさんに会うことはできません。
文節［　　］　単語［　　］

(5) あわてて食べたり飲んだりしては体に悪いよ。
文節［　　］　単語［　　］

(6) 昨日からの豪雨で、河川の増水や決壊が心配されています。
文節［　　］　単語［　　］

❷ 文節の働きと文節相互の関係

重要ポイント

① 文節の働きと文節相互の関係

□ **連文節**…二つ以上の連続した文節が意味の上で互いに結びつき、一まとまりとなって、一つの文節と同様の働きをするもの。

□ **主語**…「何(だれ)が」と文の主題を示す文節。

□ **述語**…「どうする」「どんなだ」「何だ」「ある(いる・ない)」と主語を説明する文節。

□ **修飾語**…ほかの文節を**くわしく説明**する文節。修飾語によってくわしく説明される文節を被修飾語という。

□ **接続語**…文や文節の意味をあとに続け、**前後の文や文節をつなぐ働き**をする文節。

□ **独立語**…ほかの文節とは直接関係がなく、**呼びかけ・感動・応答・提示**などを表す文節。

□ **並立の関係**…二つ以上の文節が**同じ資格で対等に並んでいる**関係。

□ **補助の関係**…下の文節がすぐ上の文節に**補足的な意味をそえる**関係。

□ **文節相互の関係**…主・述の関係、修飾・被修飾の関係、接続の関係、独立の関係、並立の関係、補助の関係の六種類。

◉ **主語と述語のとらえ方**

まずは文末の述語をおさえてから、それ対応する主語を考えていくとよい。

◉ **修飾語・被修飾語の位置**

修飾語は、必ず被修飾語の前にある。ただし、複雑な文では、修飾語と被修飾語の間にいくつもの文節をはさむことがあるので注意する。

重要ポイント確認問題

1 文節の働き

次の各文の（　）にあてはまる語を答えなさい。

□(1)（　）とは、「何（だれ）が」と文の主題を示す文節。

□(2)（　）とは、「どうする」「どんなだ」「何だ」「ある（いる・ない）」と主語を説明する文節。

□(3)（　）とは、ほかの文節をくわしく説明する文節。

□(4)（　）とは、前後の文や文節をつなぐ働きをする文節。

□(5) ほかの文節とは直接関係がなく、呼びかけ・感動・応答・提示などを表す文節を（　）という。

2 文節相互の関係

次の各文の――線をつけた二つの文節の関係を、あとのア～オから選んで、記号で答えなさい。

□(1) 暗くなったので、家に 帰りましょう。（　）

□(2) 星が きれいに またたいて いる。（　）

□(3) 庭の 朝顔が きれいに 咲いた。（　）

□(4) 今朝から お腹が 痛い。（　）

□(5) コンビニで パンと ジュースを 買った。（　）

ア 主・述の関係　イ 修飾・被修飾の関係　ウ 接続の関係
エ 並立の関係　オ 補助の関係

答

1
(1) 主語
(2) 述語
(3) 修飾語
(4) 接続語
(5) 独立語

2
(1) ウ
(2) オ
(3) イ
(4) ア
(5) エ

基礎問題

▼答え 別冊p.3

1

〈主語・述語〉

次の各文で、——線部の主語に対しては述語をぬき出し、══線部の述語に対しては主語をぬき出しなさい。

(1) 空が 急に 光った。 述語[　　]
(2) 母は 私を 優しく 励ました。 述語[　　]
(3) 向こうに 見える 古い 建物は 教会です。 述語[　　]
(4) 盆踊りが どこの 村でも 盛んだ。 主語[　　]
(5) 山の 頂上から 海が 見える。 主語[　　]
(6) 白く ぬった 壁に 朝日が さっと 当たる。 主語[　　]

2

〈独立語・接続語〉

次の各文から、独立語か接続語の働きをしている文節をぬき出しなさい。また、それぞれどちらの働きをしているかを答えなさい。

(1) 父は、寒いのに、朝から釣りに出かけた。 [　　・　　]
(2) 小林君、来なさい。 [　　・　　]
(3) わがまま、それがクラスの和を乱す。 [　　・　　]
(4) 彼の名前を呼んだ。しかし、彼は返事をしなかった。 [　　・　　]

3

〈文節の働き〉

次の——線部の文節は、ほかの文節との関係で、どういう働きをしているか。あとのア～オから選んで、記号で答えなさい。 重要

(1) 彼女はピアノをとても上手に弾く。 [　　]
(2) さあ、掃除を始めましょう。 [　　]
(3) 桜前線が南から日本を縦断する。 [　　]
(4) 私は、毎日、日記をつけている。 [　　]
(5) 西から大きな台風がやってくる。 [　　]
(6) 昔から富士山はたくさんの人々に愛されてきた。 [　　]

ア 主語になっている。　イ 述語になっている。
ウ 修飾語になっている。
エ ほかの文節からは独立している。
オ 直前の文節を補助している。

ヒント

1 主語と述語は、たとえば(1)は「空が」どうした、(4)は「盛んだ」というのは何、のように対応させてとらえよう。

標準問題

▼答え 別冊 p.4

1 〈主語・述語〉
次の各文から、主語と述語の働きをしている文節を、それぞれぬき出しなさい。 重要

(1) 庭にきれいな花が咲いた。 主語[ ] 述語[ ]
(2) 私はまっすぐな道を歩いた。 主語[ ] 述語[ ]
(3) 昨日、彼は駅前で本を買いました。 主語[ ] 述語[ ]
(4) 加藤さんは町へ買い物に出かけた。 主語[ ] 述語[ ]
(5) 富士山、それは日本一高い山だ。 主語[ ] 述語[ ]

2 〈修飾語〉
次の各文から、修飾語の働きをしている文節をすべてぬき出しなさい。また、その修飾語を受ける文節も例にならってぬき出しなさい。

例 少年はとっさに立ち上がった。
[とっさに → 立ち上がった]

(1) 美しい空がはてしなく広がる。
[ ]
(2) この道はまっすぐ牧場へ続く。
[ ]
(3) 私は出発の時間を確かめた。
[ ]
(4) みんなはいろいろなお菓子をおいしそうに食べた。
[ ]

3 〈文節相互の関係〉
次の――線部の文節は、ほかの文節との関係で、どういう働きをしているか。あとのア～カから選んで、記号で答えなさい。なお、解答欄の数は答えの数を示す。 差がつく

(1) はい、昨日その係を担当したのは私です。 [ ][ ]
(2) 先生がきれいな絵を見せてくださった。 [ ][ ][ ]
(3) 赤いチューリップが花屋の店頭に並んでいる。 [ ][ ][ ]
(4) 雨は激しく降っているが、出かけなければならない。 [ ][ ][ ]

ア 主語になっている。 イ 述語になっている。
ウ 修飾語になっている。 エ 被修飾語になっている。
オ 接続語になっている。 カ 独立語になっている。

③文の成分

重要ポイント

①文の成分

□**文の成分**…文を組み立てている要素としての単位。

□**文の成分の種類**…主語（主部）・述語（述部）・修飾語（修飾部）・接続語（接続部）・独立語（独立部）の五種類。一文節からなるものを「〜語」と呼び、連文節からなるものを「〜部」と呼ぶ。

②文の成分の位置と省略

□文の成分の位置は、ふつう決まっているが、倒置されたり省略されたりすることがある。

□**倒置**…述語（述部）が、ほかの文の成分の前にくること。

□**省略**…いずれかの成分を省くこと。

③文の成分の照応

□主語（主部）と述語（述部）が正しく照応しないと、読みにくい文になる。

□文の成分の位置や読点（、）の打ち方などが正しくないと、意味があいまいになる。

◉**文の組み立て**

どんな複雑な文でも、主語（主部）・述語（述部）・修飾語（修飾部）・接続語（接続部）・独立語（独立部）の五種類の文の成分の組み合わせでできている。

◉**文の成分の位置**

① **主語（主部）・修飾語（修飾部）は、述語（述部）より前にくる。**

② 述語（述部）は、文の終わりにくる。

③ **主語（主部）と修飾語（修飾部）の互いの位置は一定ではない。**

④ **接続語（接続部）・独立語（独立部）は、文のはじめにくることが多い。**

重要ポイント確認問題

1 文の成分

次の各文の――線部の文の成分を、あとのア〜オから選んで、記号で答えなさい。

□(1) 私も発表会に参加します。（　　）
□(2) 先生が私にこの本をくださった。（　　）
□(3) 桜はいつ見ても美しい。（　　）
□(4) 山に登ったので、たくさん汗をかいた。（　　）
□(5) 「ああ、とても寒いね。」「うん、そうだね。」（　　）

ア 主語（主部）　イ 述語（述部）　ウ 修飾語（修飾部）
エ 独立語（独立部）　オ 接続語（接続部）

2 文の成分の位置と省略

次の各文の（　）にあてはまる語を答えなさい。

□(1) 主語（主部）・修飾語（修飾部）は、述語（述部）より（　　）にくる。
□(2) 述語（述部）は、文の（　　）にくる。
□(3) 接続語（接続部）・独立語（独立部）は、文の（　　）にくることが多い。
□(4) 述語（述部）が、ほかの文の成分の前にくることを、（　　）という。
□(5) いずれかの成分を省くことを、（　　）という。

答

1
(1) ア
(2) ウ
(3) イ
(4) オ
(5) エ

2
(1) 前
(2) 終わり
(3) はじめ
(4) 倒置
(5) 省略

基礎問題

▼答え　別冊p.4

1 〈文の成分の種類〉

次の各文の――線部の文の成分を答えなさい。 重要

(1) 私の母はいくつになっても元気だ。　［　　］
(2) 君に忠告するが、まあ、そんなことはやめておきなさい。　［　　］
(3) 昨日は暑かった。しかし、今日はそうでもない。　［　　］
(4) 昨日は暑かった。きっと今日も暑いだろう。　［　　］
(5) 先生がこれを佐藤さんに届けるようにと私に預けました。　［　　］
(6) 君がそう言うのなら、ぼくはもう何も言わないよ。　［　　］
(7) 山田さんと田中君も行くそうだ。　［　　］
(8) あこがれのフランス、ぼくは今、そこにいるんだ。　［　　］
(9) 蜂に刺されて、あまりの痛さに泣きそうになった。　［　　］
(10) 私は去年の夏休みから英会話を習っています。　［　　］

2 〈文の成分の倒置と省略〉

次の(1)と(2)には文の成分の倒置がある。全文を、ふつうのことばの順番に直しなさい。また、(3)と(4)には文の成分の省略がある。（　）にある文の成分を示すことばを考えて答えなさい。

(1) もう二度としないぞ、こんな間違いは。
［　　　　　　　　　　］
(2) よく聞くんだ、君たち。
［　　　　　　　　　　］
(3) ぼくたちはこれから映画に行くんだ。君も（修飾語）行かないか。
［　　　　　　　　　　］
(4) どうぞ、その席へ（述部）。
［　　　　　　　　　　］

ヒント

1 文の成分は、一文節のものを「―語」、連文節のものを「―部」と呼び分けていることに注意して答えよう。文末の述語（述部）から見つけていくのが基本。

標準問題

▼答え 別冊 p.5

1 〈文の成分の識別〉

次の各文について、〔　〕で示した文の成分にあたる部分に——線を引きなさい。 差がつく

(1) あの時、公園の桜がとてもきれいに咲(さ)いていた。〔主部〕

(2) 空が明るくなったから、雨はもうじきやむだろう。〔接続部〕

(3) 台風が接近しているので、気圧がどんどん低くなる。〔主語〕

(4) 六時になったので、私はもう行かなければならない。〔述部〕

(5) 私はお父さんにプレゼントするネクタイを買った。〔修飾部〕

(6) 赤いドレスを着た若い女性はみんなから見られていました。〔修飾語〕

(7) みんなの注目を浴びること、それを彼女(かのじょ)は求めていました。〔独立部〕

(8) いや、それはみんなの思い違(ちが)いかもしれません。〔独立語〕

(9) こんなパーティーの場面から、話題のミステリー小説は始まる。〔述語〕

2 〈文の成分〉

次の各文の文の成分を例にならって示しなさい。 重要

例 長身の選手は（主部）　速い球を（修飾部）　捕手に（修飾語）　投げた。（述語）

(1) あなたが探しているのはこれですか。

(2) 母がとてもおいしいケーキを作った。

(3) 今まで見えていた山が霧(きり)で急に見えなくなった。

(4) つかれたので、ぼくは早く寝(ね)るよ。

(5) やれやれ、やっと仕事が終わった。

4 単語の種類

重要ポイント

① 単語の種類

□**自立語**…一単語で一文節をつくることができ、それだけで意味がわかる単語。

□**付属語**…自立語のあとについて文節の一要素となる単語。

□**活用**…用いられ方によって、単語の終わりの部分が変化すること。自立語で活用する単語は、動詞・形容詞・形容動詞の三つ。これらを用言(ようげん)という。この三つを識別するには、言い切りの形を調べるとよい。

□**品詞分類**…自立語か付属語か、活用があるかないかなどの文法上の性質によって、単語を品詞に分類する。

□**品詞の転成**…単語がもとの品詞の意味を失い、別の品詞になること。

② 指示語

□**指示語**…物事や性質・状態などを直接に指し示すことば。**「こそあど」ことば**ともいう。

テストではココがねらわれる

◉**品詞分類表**

単語は、次の表のように品詞を分類することができる。

自立語	活用がない	主語になる(体言)	物事の名称・指示	名詞
		修飾(しゅうしょく)語になる	主に用言を修飾	副詞
			体言のみを修飾	連体詞
		接続語になる	文や文節を接続	接続詞
		独立語になる	感動・呼びかけなど	感動詞
	活用がある	述語になる(用言)	ウ段で終わる	動詞
			「い」で終わる	形容詞
			「だ・です」で終わる	形容動詞
付属語	活用がない			助詞
	活用がある			助動詞

重要ポイント確認問題

1 単語の種類

次の文の（　　）にあてはまる語を答えなさい。

□ 一単語で一文節をつくることができ、それだけで意味がわかる単語を（①　　　）、自立語のあとについて文節の一要素となる単語を（②　　　）という。

2 品詞分類表

次の各文の□にあてはまる語を答えなさい。

- 単語
  - 自立語
    - 活用がない
      - ［③］になる（体言）― 物事の名称・指示……名詞
      - 修飾（しゅうしょく）語になる
        - 主に［④］を修飾……副詞
        - 体言のみを修飾……［⑤］
      - 接続語になる ― 文や文節を接続……接続詞
      - 独立語になる ― 感動・呼びかけなど……感動詞
    - 活用が［①］
      - 述語になる（用言）
        - ウ段で終わる……［⑥］
        - 「い」で終わる……［⑦］
        - 「だ・です」で終わる……形容動詞
  - 付属語
    - 活用が［②］ ― 助詞
    - 活用がある ― ［⑧］

①（　　　）　②（　　　）　③（　　　）　④（　　　）

⑤（　　　）　⑥（　　　）　⑦（　　　）　⑧（　　　）

1
① 自立語
② 付属語

2
① ある
② ない
③ 主語
④ 用言
⑤ 連体詞
⑥ 動詞
⑦ 形容詞
⑧ 助動詞

1 〈自立語と付属語〉

次の各文の単語を、自立語と付属語に分け、自立語には——線を、付属語には══線をつけなさい。 重要

(1) 夕食 を 食べ て から 勉強 を し よう。

(2) ほら、青い 海 の ずっと 向こう に 船 が 見える。

(3) 食事 を する 時間 は ない ようだ。

2 〈活用〉

次の各文から、活用する単語を探して——線をつけなさい。

(1) 夕日 が とても 美しい。

(2) 友だち と 電話 で 話し ます。

(3) 約束 の 時間 は 正確に 守れ。

3 〈品詞〉

次の各文の——線部の単語の品詞を答えなさい。 ミス注意

(1) 東京①はとても大きな都市②です。　①[　　]　②[　　]

(2) キリン①の首は長い②。　①[　　]　②[　　]

(3) この①村は静かな②村だ。　①[　　]　②[　　]

(4) おや①、コオロギ②が鳴いているぞ。　①[　　]　②[　　]

(5) 雨が降っ①ている。だから②、かさが必要だ。　①[　　]　②[　　]
①[　　]　②[　　]

4 〈指示語〉

次の各文の——線部の語について、指示語には○を、指示語でないものには×をつけなさい。

「①そこに②ある本を③あそこに運んで④くれますか。」

「⑤これを⑥こっちに運ぶのですか。」

「⑦ああ、⑧そうじゃなくて、⑨あの棚（たな）です。」

「わかりました。⑩こんなことくらい簡単です。」

「⑪どうぞよろしくお願いします。」

①[　　]　②[　　]　③[　　]　④[　　]
⑤[　　]　⑥[　　]　⑦[　　]　⑧[　　]
⑨[　　]　⑩[　　]　⑪[　　]

ヒント

1 自立語は一文節に一つしかない。付属語をともなっていることもある。自立語は必ず文節の先頭にくることを覚えておこう。一方の付属語は、それだけで文節をつくることはできない。必ず自立語のあとについて使われるが、その数は決まっていない。

2 活用する単語は、自立語では動詞・形容詞・形容動詞の三つである。これらを用言という。付属語では助動詞だけである。

標準問題

▼答え 別冊 p.6

1 〈文節・自立語〉

次の各文を／で文節に分け、さらに自立語には——線をつけなさい。

(1) 小学校のころの友だちからメールが来た。
(2) 私は海よりも山に行きたいのです。
(3) やさしい問題からとりかかりましょう。
(4) そんなことでよいのであろうか。
(5) 私は湖畔を散歩してみたいと思っています。

2 〈品詞の転成〉

次の各文の——線部の単語の品詞を答えなさい。

(1) 長い時間歩き続けて足が痛い。
(2) 被害の大きさに心が痛む。
(3) あまりの痛さに泣き声をあげた。
(4) 目の痛みを訴える人が大勢いた。
(5) 小さな傷でも大げさに痛がる子ども。
(6) その選手の泳ぎは、世界中の人々から注目された。
(7) 昨日、私は友だちとプールへ泳ぎに行きました。

(1)［　　］ (2)［　　］ (3)［　　］
(4)［　　］ (5)［　　］ (6)［　　］
(7)［　　］

3 〈品詞の識別〉

次の文章を読んで、——線部の単語の品詞を答えなさい。 重要

三、四年前に①NASAの宇宙飛行士のAさん②から話を聞く機会があった。Aさんが地球を眺めた感想は③こうだった。
——④まるで見え⑤ない糸でつら⑥れたガラス玉のようでした。⑦もろくて、すぐ壊れ⑧そうな気がしました。
⑨この印象はひどくぼくの胸を打った。⑩そう、地球はもろいのだ。すぐにでも死滅してしまうちっぽけな星くずなのだ。
⑪だがその上に⑫膨大な大気と水と、⑬何十億もの人間と、その何億倍かの生物がしがみついて住⑭んでいる⑮のだ。

（手塚治虫『この小さな地球の上で』より）

①［　　］ ②［　　］ ③［　　］
④［　　］ ⑤［　　］ ⑥［　　］
⑦［　　］ ⑧［　　］ ⑨［　　］
⑩［　　］ ⑪［　　］ ⑫［　　］
⑬［　　］ ⑭［　　］ ⑮［　　］

5 名詞の性質・種類

重要ポイント

①名詞の性質

□**名詞とは**…物事の名称を表す単語。体言ともいう。

□**名詞の性質**…自立語で活用がなく、単独で主語になる。

②名詞の種類

□**普通名詞**…一般的な物事の名称を表す。

例 犬　家　心　知識

□**代名詞**…人や物事の名称を言わずに、直接にその人や物事を指し示す。

例 私　君　だれ　ここ　あっち

□**固有名詞**…人名・地名など、ただ一つしかないものの名称を表す。

例 東京　リンカーン　富士山

□**数詞**…ものの数・量や、順序などを表す。

例 一つ　五羽　九月　いくつ

□**形式名詞**…普通名詞の特殊なもので、もとの意味が薄れて補助的・形式的に用いられるもの。

例 こと　ところ　もの　ため　つもり　はず

◉**名詞の見分け方**

名詞を見分けるには、自立語で活用がないもののうちで、主語になるものを見つければよい。

主語になるかどうかは、助詞「が」をつけてみるとよい。「が」をつけて下に適当な述語をつけることができれば、名詞である。

◉**転成名詞**

もともと動詞や形容詞として用いられていた単語が、**転じて名詞として用いられるようになったもの。**

例 学校から**帰り**ます。（**動詞**）

→学校からの**帰り**に寄る。（**名詞**）

家まで**遠く**ない。（**形容詞**）

→**遠く**がよく見える。（**名詞**）

重要ポイント確認問題

1 名詞の性質

次の各文の（　）にあてはまる語を答えなさい。

□(1) 名詞とは、物事の（①　　）を表す単語。（②　　）ともいう。

□(2) 名詞は、（①　　）語で活用がなく、単独で（②　　）になる。

2 名詞の種類

次の各文は、A普通（ふつう）名詞、B固有名詞、C数詞、D代名詞、E形式名詞のうち、どの説明をしているか。それぞれ記号で答えなさい。

□(1) 人名・地名など、ただ一つしかないものの名称を表す。

□(2) 人や物事の名称を言わずに、直接にその人や物事を指し示す。

□(3) 一般的（いっぱんてき）な物事の名称を表す。

□(4) ものの数・量や、順序などを表す。

□(5) もとの意味が薄（うす）れて補助的・形式的に用いられるもの。

(1)（　　）　(2)（　　）　(3)（　　）　(4)（　　）　(5)（　　）

3 名詞の種類

次の文から、名詞をすべてぬき出しなさい。

□ぼくの家からは、十分で駅まで行くことができます。

（　　　　）

答

1

(1) ① 名称　② 体言

(2) ① 自立　② 主語

2

(1) B　(2) D　(3) A　(4) C　(5) E

3

ぼく・家・十分・駅・こと

基礎問題

▼答え 別冊 p.7

1 〈名詞の識別〉

次の各文から、名詞をすべてぬき出しなさい。

(1) 十国峠から見た富士山は、実に美しい。

[　　　　]

(2) 辞書を使って、漢字の読みや意味を調べる。

[　　　　]

(3) 発表する内容を整えたら、話す順序を考えよう。

[　　　　]

2 〈名詞の種類〉

次の各文から名詞をすべてぬき出し、あとの五種類に分類しなさい。 重要

(1) もうすぐ、東京湾に中国の客船が着くはずだ。

(2) ぼくは、エベレストを初めて見て、たいへん感動した。

(3) このお菓子は、甘みが少し足りないようだ。

(4) こちらを向いて座っていらっしゃるのが、坂井先生です。

(5) 私は蜂の獲物を狩る才能を高く買っていたが、それはこの実験ではっきり確かめられた。

(6) 数年たつと、桜は背丈を伸ばし、バスの窓にその葉がふれるようになった。

普通名詞 [　　　　]

固有名詞 [　　　　]

数　詞 [　　　　]

代 名 詞 [　　　　]

形式名詞 [　　　　]

ヒント

1 名詞は自立語で活用がなく、単独で主語になる単語である。その性質をきちんと覚えて、見分けられるようにしておこう。主語になるかどうかは、「が」をつけて、適当な述語がつくかどうかを考えてみよう。

2 名詞には普通名詞・固有名詞・数詞・代名詞・形式名詞の五種類がある。「重要ポイント」の説明をよく読んで見分けられるようにしておこう。

標準問題

▼答え 別冊 p.7

1 〈転成名詞〉

次の各文の転成名詞に――線をつけ、それぞれもとの品詞を答えなさい。 差がつく

(1) 新発売のシャツは水に濡れても乾きが早い。 [　　]
(2) 人々の多くは、その会合に参加した。 [　　]
(3) 税金を納めるのは国民の務めである。 [　　]
(4) 学校の近くにある本屋で参考書を買う。 [　　]
(5) いよいよ結びの一番で横綱の登場だ。 [　　]
(6) 新車はリッターあたりの走りがよい。 [　　]
(7) わが子の行く末を案じて思いに沈む。 [　　]
(8) 和服を着たので髪に飾りをつけた。 [　　]

2 〈名詞の識別〉

次の文章を読んで、あとの問いに答えなさい。

アメリカ合衆国の首都はワシントンD．C．で、初代大統領にちなんで名づけられた。特別区としていずれの州にも属していない。ポトマック川沿いの一〇〇平方マイルの土地に、当時としては、斬新な都市計画設計を展開させたことは広く知られているところであるが、運命的な対立の続く南部と北部との境界線の地域が、首都として発展していくまでには、さまざまな困難を経なければならなかった。

南北戦争後、他の都市に比べて、都市の再開発に、かなりの遅れをとったが、二〇世紀に入ってからの急速な近代化には目覚ましいものがある。六〇万人以上の人々が住み、国会議事堂やホワイト・ハウスなどがある。今日、世界の政治・外交の心臓部であることは言うに及ばず、合衆国の経済・教育・文化の中心地としてその名を世界に誇っている。

問一 文章中から、固有名詞をすべてぬき出しなさい。

[　　]

問二 文章中から、数詞をすべてぬき出しなさい。

[　　]

問三 文章中から、転成名詞をすべてぬき出しなさい。

[　　]

問四 文章中から、形式名詞をすべてぬき出しなさい。（ただし、同じ形式名詞は一度だけぬき出せばよい。）

[　　]

2章 名詞（体言）

6 代名詞／名詞の働き

重要ポイント

①代名詞の種類

□**人称代名詞**…人を指し示す代名詞。

例 わたし　きみ　こいつ　かれ　だれ

□**指示代名詞**…物事・場所・方角を指し示す代名詞。

例 これ　どれ　そこ　あそこ　こちら

②名詞の働き

□**主語になる**…「は」「が」「も」などの助詞をともなって、主語になる。

□**述語になる**…「だ」「です」などの助動詞や「か」などの助詞をともなって、述語になる。

□**修飾語になる**…「の」「に」「を」などの助詞をともなって、修飾語になる。また、数詞や時を示す普通名詞は、助詞をともなわずに、単独で連用修飾語になることができる。

□**独立語になる**…提示や呼びかけの独立語になる。呼びかけの場合、「や」「よ」などの助詞をともなうことがある。

◉**代名詞の種類**

人称代名詞と指示代名詞のおもなものを表にすると次のようになる。覚えておこう。

種類		自称（一人称）	対称（二人称）	他称（三人称）近称	他称（三人称）中称	他称（三人称）遠称	不定称
人称代名詞		わたくし わたし ぼく	あなた きみ おまえ	このかた こいつ	そのかた そいつ	あのかた かれ あいつ	どなた だれ どいつ
指示代名詞	物事			これ	それ	あれ	どれ
	場所			ここ	そこ	あそこ	どこ
	方角			こちら	そちら	あちら	どちら

◉**連体修飾語と連用修飾語**

修飾語の中で、体言（名詞）文節を修飾する文節のことを**連体修飾語**といい、用言（動詞・形容詞・形容動詞）文節を修飾する文節のことを**連用修飾語**という。

重要ポイント確認問題

1 代名詞の種類

次の文の（　）にあてはまる語を答えなさい。

□「わたし」「かれ」など人を指し示す代名詞を（①　　）代名詞といい、「これ」「あそこ」など物事・場所・方角を指し示す代名詞を（②　　）代名詞という。

2 代名詞の種類

次の各文の――線部の代名詞が指し示すものとしてあてはまるものを、あとのア～エから選んで、記号で答えなさい。

□(1) 昨日（きのう）届いた荷物は①これですか。　①（　）

□(2) そのカバンは、②こちらへ運んでください。　②（　）

□(3) ③あそこに見える建物が、④私の学校です。　③（　）　④（　）

ア 人物　イ 物事　ウ 場所　エ 方角

3 名詞の働き

次の各文の名詞を含（ふく）む文節は、A主語、B述語、C連体修飾語、D連用修飾語、E独立語のうち、どの働きをしているか。それぞれ記号で答えなさい。

□(1) ①人間は　②道具を　つくった。　①（　）　②（　）

□(2) ③太陽の　④光が　⑤ここまでは　届かない。　③（　）　④（　）　⑤（　）

□(3) ⑥優勝、⑦それは　⑧みんなの　⑨願いだ。　⑥（　）　⑦（　）　⑧（　）　⑨（　）

答

1 ① 人称　② 指示

2 ① イ　② エ　③ ウ　④ ア

3 ① A　② D　③ C　④ A　⑤ D　⑥ E　⑦ A　⑧ C　⑨ B

1

〈代名詞〉

次の表の空欄①〜⑩に、あてはまる代名詞を入れ、あとの問いに答えなさい。

	近称	中称	遠称	不定称
A	これ	それ	あれ	①
B	②	そちら	③	どちら
C	ここ	④	⑤	⑥
D	⑦	⑧	あっち	どっち
E	⑨	そのかた	⑩	どなた

問一 場所を示す代名詞はどれか。A〜Eの記号で答えなさい。［　　］

問二 人称代名詞はどれか。A〜Eの記号で答えなさい。［　　］

問三 この表に出てくるような語を総称して何と呼ぶか。「□□□□ことば」の□にあてはまるひらがな四字を答えなさい。［　　　ことば］

2

〈名詞の働き〉

次の文について、あとの問いに答えなさい。 重要

佐藤君、沖の　向こうに　まだ　白い　客船が　見えるよ。

問一 名詞を含む文節をすべてぬき出しなさい。

［　　　　］

問二 主語の文節と述語の文節を、それぞれぬき出しなさい。

主語［　　］　**述語**［　　］

問三 名詞を含む文節のうち、連体修飾語と連用修飾語の働きをしているものを、それぞれぬき出しなさい。

連体修飾語［　　］

連用修飾語［　　］

問四 「佐藤君」という文節の働きを答えなさい。

［　　　　］

ヒント

2 問二　名詞が主語になるとき、「が」「は」といった助詞をともなうのがふつうである。

問三　連体修飾語とは、体言（名詞）文節を修飾する文節である。連用修飾語とは、用言（動詞・形容詞・形容動詞）文節を修飾する文節である。

標準問題

▼答え 別冊 p.8

1 〈代名詞の識別〉

次の各文から代名詞をすべて選んで、――線を引きなさい。ミス注意

(1) これを落としたのは、どなたですか。
(2) 予定より早く着いた。そこで、彼はこの店に入ってみた。
(3) ぼくがそうしようと思ったが、君に先を越(こ)されてしまった。
(4) こんなに美しい光景は、今まで誰(だれ)も見たことがない。
(5) そんな話を、いったい、どこのどいつから聞いてきたんだ。おまえがあわてて聞きまちがえたんじゃないのか。
(6) 私たちの足では四、五分のところですが、妹は、道ばたにあるいろんなものを見つけて、それに話しかけたり、そこで遊んだりしていたので、三十分もかかりました。

2 〈名詞の働き〉

次の各文の――線部の名詞についての説明としてあてはまるものを、あとのア～クから選んで、記号で答えなさい。差がつく

(1) あの小屋に、にわとりは何羽いますか。[　　]
(2) これは、私がほしかったゲームだ。[　　]
(3) 病気になったのは、中学二年の時です。[　　]
(4) 池のそばの大きな木をご覧なさい。[　　]
(5) 姉の笑顔(えがお)に、私は母の面影(おもかげ)を見た。[　　]
(6) お父さん、ぼくも行くよ。[　　]
(7) ぼく、宿題を忘れちゃった。[　　]

ア 助詞をともなって主語になっている。
イ 単独で主語になっている。
ウ 助動詞をともなって述語になっている。
エ 助詞をともなって連体修飾語になっている。
オ 助詞をともなって連用修飾語になっている。
カ 単独で連用修飾語になっている。
キ 助詞をともなって独立語になっている。
ク 単独で独立語になっている。

3 〈代名詞の種類〉

次の各文から、代名詞をすべてぬき出し、あとの四種類に分類しなさい。

(1) あちらから来られるのは、あなたのお父さんですか。
(2) 誰がどこの学校に入学したか、これで調べよう。
(3) ぼくの家は、ここから歩いて十五分ほどかかります。

人物を示すもの[　　]
物事を示すもの[　　]
場所を示すもの[　　]
方角を示すもの[　　]

実力アップ問題

◎制限時間30分　◎合格点70点　▼答え 別冊p.9

点

1 次の各文を文節にくぎり、いくつの文節からできているかを答えなさい。〈3点×4〉

(1) 人間では作れない豊かでユニークな自然の価値があるはずだ。［　　］

(2) 柔軟(じゅうなん)な目で地域を見ていない場合がほとんどだ。［　　］

(3) ほんの四十年前は、冬の北海道にわざわざ観光に行くことは考えられなかった。［　　］

(4) 流氷は、ごく最近は栄養分を運んだり育てたりする貴重なものだとわかったが、以前は住民にとっては漁もできないし、ありがたいものではなかった。［　　］

2 次の各文の――線部はそれぞれどんな文の成分となっているか。答えなさい。〈3点×5〉

(1) 一滴(いってき)の水も、命の綱(つな)だ。［　　］

(2) 島田君は、スポーツマンだ。［　　］

(3) ゆれている枝先に、小鳥はたくみにとまった。［　　］

(4) 遅刻(ちこく)をしない、これがぼくたちのクラスの目標だ。［　　］

(5) 不注意なミスさえしなければ、我々のチームはこの試合に必ず勝てる。［　　］

3 次の各文を（　）内の指示にしたがって、意味のよくわかる文に書き直しなさい。〈5点×3〉

(1) 私が思ったことは、私たちの生活を見直してもっと節電に協力したいと思いました。（――線部を正しい表現にする。）

［　　　　］

(2) 私は弟と犬を探した。（探されているのは弟と犬の両方であることがわかるようにする。）

［　　　　］

(3) 彼女(かのじょ)は手を振(ふ)りながら旅立つ恋人(こいびと)を見送った。（手を振っているのは彼女だということがわかるようにする。）

［　　　　］

4 次の文章を読んで、それぞれ指示された名詞をぬき出しなさい。〈5点×5〉

(1) 恵美を乗せたのぞみ八号は七時に博多(はかた)を出発した。彼女は岡山(おかやま)に住む友人へメールを送った。「今、博多を出ました。そちらには八時四七分に着く予定です。出迎(でむか)え、よろしくお願いします。」

普通(ふつう)名詞［　　］

(2) 東京タワーは昭和という時代のシンボルだ。三三三メートルという数字にも親しみを感じる人がたくさんいる。赤崎哲もその一人である。彼はその高さに登りたいと思った。だが、実際の展望台はその高さにはない。

固有名詞［　　］

(3) 一度は富士山に登りたいと思っていた。何度か計画はしたものの、これまで実行することはなかった。それが、今年の八月、とうとう挑戦することになったのだ。三七七六メートルの山頂が私を待っていると思うとわくわくする。

数　詞［　　］

(4) 京都から奈良に向かう電車の中で、見知らぬおばあさんに声をかけられた。彼女は法隆寺に行きたいのだが、どこで降りたらいいかと私に尋ねるのだ。私とて旅人、これは困ったと思っていると、幸いなことに隣の高校生が親切に教えてくれた。

代名詞［　　］

(5) 昔はみんなこの歌を歌ったものだった。同窓会での合唱を聞いて誰もがそう思ったことだろう。二十年たっても私たちはこの歌が歌える。しかし、聞くところによると、後輩たちはこの歌の存在すら知らないらしい。

形式名詞［　　］

---

5 次の各文を読んで、あとの問いに答えなさい。

① 私たちは、彼の偉大な功績をたたえよう。
② 聞くところによると、その男は逃げたらしい。
③ 斎藤君、あれがぼくの父の会社だよ。
④ しっかり歩くのはたいへんよい。
⑤ 先生の話をよく聞くことが大切だ。

問一 次のA・Bにあたる文を一つずつ選んで、番号で答えなさい。〈3点×2〉

A 名詞と付属語だけでできている文［　　］

B 名詞が一つも使われていない文［　　］

問二 形式名詞を含む文を二つ選んで、番号で答えなさい。また、その形式名詞をぬき出しなさい。〈6点×2〉

［　・　］［　・　］

問三 名詞を含む文節で、主語になっているものをすべてぬき出しなさい。〈7点〉

［　　］

問四 名詞を含む文節で、述語になっているものを一つぬき出しなさい。〈4点〉［　　］

問五 名詞を含む文節で、独立語になっているものを一つぬき出しなさい。〈4点〉［　　］

7 副詞

重要ポイント

① 副詞の性質

□**副詞とは**…ほかの文節を修飾し、意味をくわしく定める単語。

例 かもめが **のんびりと** 飛んでいる。

□**副詞の性質**…自立語で活用がなく、主として連用修飾語になる。**擬声語**(**擬音語**)や**擬態語**も副詞に含まれる。

□**擬声語**…ものの音や声を言い表すもの。「バタバタ」「ピヨピヨ」など。

□**擬態語**…物事の様子を言い表すもの。「じろっと」「すやすや」など。

② 副詞の種類と働き

□**状態の副詞**…動作・作用の状態をくわしく表す。**擬声語**・**擬態語**も状態の副詞に入る。

□**程度の副詞**…物事の性質や状態などの程度を表す。体言の文節やほかの副詞を修飾することもある。

□**呼応の副詞**…下の受ける文節に特別な言い方を要求する。疑問(反語)・推量・仮定条件・打ち消し・打ち消しの推量・たとえ・願望などの言い方と呼応する。**陳述の副詞**・**叙述の副詞**ともいう。

◉**副詞の性質**

副詞は、主として用言の文節を修飾するが、副詞の中には体言やほかの副詞の文節を修飾するものがあるので注意しておこう。

例 空が **すっかり** 晴れた。(動詞の文節を修飾)

これは **かなり** 前の 話だ。(体言の文節を修飾)

今度は、**もっと** ゆっくり 読みなさい。(副詞の文節を修飾)

◉**呼応の副詞**

正しい呼応のしかたを覚えておこう。

例 **どうして** そこへ 行くのですか。(疑問または反語と呼応)

たぶん 彼は 来るだろう。(推量と呼応)

まるで 夢のような 話だ。(たとえと呼応)

重要ポイント確認問題

1 副詞の性質

次の各文の（　）にあてはまる語を答えなさい。

□(1) 副詞は、活用の（①　　）自立語で、主として（②　　）修飾語になる。

□(2) 副詞は、次の三つに分類される。動作・作用の状態をくわしく表す（①　　）の副詞、物事の性質や状態などの程度を表す（②　　）の副詞、下に受ける文節に特別な言い方を要求する（③　　）の副詞である。

2 副詞の識別

次の各文から、副詞をぬき出しなさい。

□(1) 赤ちゃんがすやすやと眠(ねむ)っている。（　　）

□(2) その事件は、ずっと以前のできごとです。（　　）

□(3) たとえみんなに反対されてもあきらめない。（　　）

3 副詞の種類

次の各文から、副詞をぬき出し、A状態の副詞、B程度の副詞、C呼応(こおう)の副詞の三つに分類して、記号で答えなさい。

□(1) その考えは、決して悪いとは思わない。（　　・　）

□(2) 本日の議題は、きわめて重要な案件です。（　　・　）

□(3) その犬はのそのそと歩いていった。（　　・　）

□(4) テスト前なのに、君はなぜ勉強しないのか。（　　・　）

答

1
(1) ① ない　② 連用
(2) ① 状態　② 程度　③ 呼応

2
(1) すやすやと
(2) ずっと
(3) たとえ

3
(1) 決して・C
(2) きわめて・B
(3) のそのそと・A
(4) なぜ・C

基礎問題

▼答え 別冊 p.10

1 〈擬声語・擬態語〉

次の各文の（　）にあてはまる語を、あとのア～オから選んで、記号で答えなさい。

(1) ひよこが（　）鳴く。
(2) 手紙を（　）渡す。
(3) （　）砂がこぼれ落ちる。
(4) 大きな声に（　）する。
(5) 小石が（　）転がり落ちる。

ア どきっと　イ ぴよぴよと　ウ こっそりと
エ さらさらと　オ ころころと

(1)［　　］ (2)［　　］ (3)［　　］ (4)［　　］
(5)［　　］

2 〈まぎらわしい語の識別〉

次の各組の——線部の語について、副詞であるものには○をつけ、副詞でないものには×をつけなさい。 ミス注意

(1)
① おい、ちょっと待ってくれないか。［　　］
② ちょっと、君。会議室はどこかね。［　　］

(2)
① 手術をして、なお悪くなったようだ。［　　］
② なお、お車でのご来場はご遠慮願います。［　　］

3 〈呼応の副詞〉

次の各文の（　）にあてはまる語を、あとのア～キから選んで、記号で答えなさい。 重要

(1) （　）自分が悪いとは思わない。
(2) （　）失敗してもくよくよするな。
(3) （　）彼が負けるようなことはあるまい。
(4) （　）綿のような雲が空に浮かんでいる。
(5) （　）ご家族の方もお困りのことでしょう。
(6) （　）そんなに急いでいるのですか。
(7) （　）私の家においでください。

ア なぜ　イ まるで　ウ 決して　エ さぞ
オ ぜひ　カ まさか　キ たとえ

(1)［　　］ (2)［　　］ (3)［　　］ (4)［　　］
(5)［　　］ (6)［　　］ (7)［　　］

ヒント

2 副詞は、活用しない自立語で、おもに用言を修飾する。
3 呼応の副詞はその呼応関係が問われるので、きちんとおさえておこう。

標準問題

▼答え 別冊 p.10

1 〈程度の副詞〉

次の各文の――線をつけた程度の副詞が修飾する文節をぬき出しなさい。

(1) 彼女は少しピアノを弾きます。 [　　　]

(2) 私がそれを知ったのは、かなりあとのことです。 [　　　]

(3) 中学生なんだからもっとしっかりしなさい。 [　　　]

(4) 彼はとても大きな家に住んでいる。 [　　　]

(5) 朝夕はやや寒いこともあります。 [　　　]

2 〈副詞の識別〉

次の各文から、副詞をぬき出しなさい。また、その副詞が修飾する文節を例にならってぬき出しなさい。なお、(　)内の数字は文中にある副詞の数を示す。 ミス注意

例 私は、きちんと宿題をすませた。(1)
[きちんと → すませた]

(1) 日の光が、ようやく森の湖面に届いた。(1)
[　　　→　　　]

(2) 彼女は、にっこりほほえみながら、おじぎした。(1)
[　　　→　　　]

(3) どうしてこの問題は、こう難しいのだろう。(2)
[　　　→　　　]
[　　　→　　　]

(4) 今日はとても疲れたので、さっさと寝よう。(2)
[　　　→　　　]
[　　　→　　　]

(5) 霜ですっかり色の変わった柿の葉が、ひらりひらりと舞って、庭をうずめた。(2)
[　　　→　　　]
[　　　→　　　]

3 〈呼応の副詞〉

次の各文の(　)にあてはまる語を答えなさい。下の〈　〉内の数字は字数を示す。 重要

(1) ぼくにはとうてい理解でき(　　)。〈2〉

(2) いくら呼ん(　　)返事がない。〈2〉

(3) たぶん今度も失敗する(　　)。〈3〉

(4) 決してこの約束だけは破る(　　)。〈1〉

(5) ぜひ、おいで(　　)。〈4〉

8 連体詞

重要ポイント

① 連体詞の性質

□ **連体詞とは**…ほかの文節を修飾（しゅうしょく）し、意味をくわしく定める単語。

例 **ある** 日の できごとでした。

□ **連体詞の性質**…自立語で活用がなく、常に連体修飾語になる。

例 **わが** 国は 島国で ある。（体言の文節を修飾）

② 連体詞の働きと種類

□ **連体詞の働き**…文中で体言（名詞）の文節を修飾する。

□ **おもな連体詞**…形の上から次のように分類できる。

① 「―の」型…この・その・あの・どの
② 「―が」型…わが
③ 「―な」型…大きな・小さな・おかしな・いろんな
④ 「―た(だ)」型…たいした・とんだ
⑤ 「―る」型…ある・あらゆる・いわゆる・来（きた）る

◉ **連体詞の性質**

連体詞は、常に体言の文節を修飾し、主語にはならない。連体詞に属する語は、それほど多くないので、上段で学んだものは、その形に注意しながら覚えておくようにしよう。

◉ **まぎらわしい連体詞**

連体詞には、他の品詞と語形が同じものや似たものがある。次のようなものに注意して見分けられるようにしておこう。

例 ある日曜日のできごとだった。**（連体詞）**
日曜日に試合がある。**（動詞）**

例 大きなおもちゃを買った。**（連体詞）**
大きいおもちゃを買った。**（形容詞）**

重要ポイント確認問題

1 連体詞の性質

次の文の（　）にあてはまる語を答えなさい。

□ 連体詞は、活用の（①　　）自立語で、常に（②　　）修飾語になる。

2 連体詞の識別

次の各文から、連体詞をぬき出しなさい。

□ (1) この競技場は広くてきれいだ。（　　）
□ (2) いろんな計画が発表された。（　　）
□ (3) わが国の経済は、外国とのかかわりが深い。（　　）
□ (4) 彼女（かのじょ）は大きな犬を飼（か）っています。（　　）
□ (5) お探しになっているのは、どの本ですか。（　　）
□ (6) 世界中のあらゆる人が平和を願っています。（　　）
□ (7) 彼（かれ）は昨年、とんだ災難にあった。（　　）

答

1
① ない
② 連体

2
(1) この
(2) いろんな
(3) わが
(4) 大きな
(5) どの
(6) あらゆる
(7) とんだ

基礎問題

▼答え　別冊 p.11

1　〈連体詞の識別〉
次の各文から、連体詞をぬき出しなさい。

(1) お菓子は、あの箱の中にあります。　〔　　〕
(2) 彼は、たいした人物だ。　〔　　〕
(3) それは、ある夜のことだった。　〔　　〕
(4) いわゆる環境問題の一つである。　〔　　〕
(5) 来る九日に、開店します。　〔　　〕
(6) その青いコートを取ってくれますか。　〔　　〕

2　〈まぎらわしい語の識別〉
次の各組の――線部の語について、連体詞であるものには○をつけ、連体詞でないものには×をつけなさい。　重要

(1) ① おかしな芸をする犬がいる。　〔　　〕
　　② 陽気な芸をする犬がいる。　〔　　〕
(2) ① 隣村にある魚屋に行った。　〔　　〕
　　② 隣村のある魚屋に寄った。　〔　　〕
(3) ① 赤ん坊が小さい手を広げた。　〔　　〕
　　② 赤ん坊が小さな手を広げた。　〔　　〕
(4) ① どの角を右に曲がるのですか。　〔　　〕
　　② どこの角を右に曲がるのですか。　〔　　〕

3　〈連体修飾語〉
次の各文の――線部はすべて連体修飾語である。それぞれの品詞を、あとのア～エから選んで、記号で答えなさい。

(1) どの本を貸すのですか。　〔　　〕
(2) 赤いボールを投げ返した。　〔　　〕
(3) 彼の言ったことにはいろんな間違いがあった。　〔　　〕
(4) 走る車のあとを必死で追った。　〔　　〕
(5) あらゆる手を使ってやってみた。　〔　　〕

ア 動詞　**イ** 連体詞　**ウ** 形容詞　**エ** 形容動詞

ヒント

1 連体詞は、活用しない自立語で、常に連体修飾語になる。連体詞に属する語は、それほど多くなく、語尾によっていくつかの形に分類できるので、確実に覚えておこう。

2 単独で連体修飾語になる語には、連体詞のほかに、動詞や形容詞・形容動詞などがある。まぎらわしい語は覚えておこう。

標準問題

▼答え 別冊 p.11

1 〈連体詞の識別〉

次の文章には連体詞が六つある。すべてぬき出しなさい。

私たちは夕暮れ近く、ある村に着いた。村人に聞くと、「あの山を越(こ)えるといわゆる峠(とうげ)の村です。」と答えた。その時は、もはや足が疲(つか)れて動けなかったので、大きな松の木の根に腰(こし)を下ろして、この先のことをじっくり考えた。

[　　　　]
[　　　　]
[　　　　]
[　　　　]
[　　　　]
[　　　　]

2 〈連体詞の識別〉

次の各文から、連体詞をぬき出しなさい。また、その連体詞が修飾する文節を例にならってぬき出しなさい。なお、(　)内の数字は文中にある連体詞の数を示す。 重要

例 今度はどの山に登ろうか。(1)　[どの → 山に]

(1) この公園は静かだ。(1)　[　　→　　]

(2) 開会式は、来(きた)る十月十日に行われます。(1)　[　　→　　]

(3) 母の病気は、たいしたことはない。(1)　[　　→　　]

(4) あのチョウは、世界でも非常に珍(めずら)しい品種です。(1)　[　　→　　]

(5) 我々は、いかなる国とも友好を保つことを願っている。(1)　[　　→　　]

(6) 正しいと思ったのに、とんだ間違いだった。(1)　[　　→　　]

(7) 一日の間に、いろんなできごとがあった。(1)　[　　→　　]

(8) 例の事件でわかるように、とてもおかしな町だ。(2)　[　　→　　]　[　　→　　]

9 接続詞

重要ポイント

① 接続詞の性質と働き

□ **接続詞とは**…前後の文節や文をつなぐ単語。

□ **接続詞の性質**…自立語で活用がなく、単独で接続語になる。

② 接続詞の種類

□ **順接**（じゅんせつ）…前の事柄（ことがら）が原因・理由になり、その順当な結果があとにくる。

□ **逆接**（ぎゃくせつ）…前の事柄と逆になるような事柄があとにくる。

□ **累加（添加）**（るいか（てんか））…前の事柄に、あとの事柄がつけ加わる。

□ **並立（並列）**（へいりつ（へいれつ））…前の事柄とあとの事柄が、並んである。

□ **対比・選択**（せんたく）…前の事柄とあとの事柄の、どちらかを選ぶ。

□ **説明・補足**…前の事柄についての説明や補足。

□ **転換**（てんかん）…話題を変える。

◉ **接続語になる単語**

接続詞は単独で接続語になるが、体言や用言も、助詞（接続助詞）をともなって、接続語になる。

例 **学生**だから、もっと 勉強せよ。**（名詞の文節）**
疲れるから、行かないよ。**（動詞の文節）**
新しいから、汚（よご）れて いない。**（形容詞の文節）**
元気だから、遊びに 行く。**（形容動詞の文節）**
［「から」は原因（理由）を表す接続助詞］

◉ **おもな接続詞**

① **順接**…それで・だから・そこで・すると
② **逆接**…しかし・だが・けれども・ところが
③ **累加（添加）**…それから・なお・しかも
④ **並立（並列）**…また・および・ならびに
⑤ **対比・選択**…それとも・または・もしくは
⑥ **説明・補足**…つまり・なぜなら・すなわち
⑦ **転換**…ところで・さて・では

重要ポイント確認問題

1 接続詞の性質と働き

次の各文の（　）にあてはまる語を答えなさい。

□ (1) 接続詞とは、前後の文節や文を（　　）単語。

□ (2) 接続詞は、活用の（①　　）自立語で、単独で（②　　）語になる。

2 接続詞の種類

次の各文の――線部の接続詞の意味を、あとのア～キから選んで、記号で答えなさい。

□ (1) 父は、小説家であり、また、詩人でもある。（　　）

□ (2) 暑いなかご苦労様でした。さて、さっそく用件を話します。（　　）

□ (3) 紅茶（こうちゃ）がいいですか。それとも、コーヒーがいいですか。（　　）

□ (4) 明日（あす）は遠足です。ただし、雨の場合は、中止します。（　　）

□ (5) 彼（かれ）は、よく勉強する。だから、成績も優秀（ゆうしゅう）だ。（　　）

□ (6) みんながんばった。しかし、試合には負けた。（　　）

□ (7) まず家に寄って、それから、会場に行こう。（　　）

ア 順接（じゅんせつ）　イ 逆接（ぎゃくせつ）　ウ 累加（るいか）（添加（てんか））　エ 並立（へいりつ）（並列（へいれつ））

オ 対比・選択（せんたく）　カ 説明・補足　キ 転換（てんかん）

答

1 (1) つなぐ

(2) ① ない　② 接続

2 (1) エ　(2) キ　(3) オ　(4) カ　(5) ア　(6) イ　(7) ウ

基礎問題

▼答え　別冊 p.12

1

〈接続詞の識別〉

次の各文から、接続詞をぬき出しなさい。

(1) 私は、昨日新宿へ行った。そして、カメラを買った。［　　］

(2) この店は値段が安いです。それに品数も豊富です。［　　］

(3) 私の好きな番組が終わってしまいました。だから、今とてもさびしいです。［　　］

(4) 年長者や目上の人、たとえば、先生と話をするときには、丁寧な言葉を使わなければなりません。［　　］

(5) あなたの言いたいことは、つまりこういうことですね。［　　］

2

〈接続詞の前後関係〉

次の各文の（　）にあてはまる接続詞を、あとのア〜ケから選んで、記号で答えなさい。（同じものを選んでもよい。） 重要

(1) 土曜日か、（　）日曜日か、どちらかにしよう。

(2) 校庭を使ってもよい。（　）四時までです。

(3) 君はとても頭がよい。（　）たいへんな努力家だ。

(4) 彼女は、必ず来ると言った。（　）彼女はなかなか来なかった。

(5) 窓を開けた。（　）虫が飛んできた。

(6) 京都に行った。（　）奈良にも足をのばした。

(7) 私の説明はこれで終わります。（　）何か質問はありますか。

(8) 体言、（　）名詞は、主語になる。

(9) 我思う。（　）我あり。

(10) 友人と海に行った。（　）夕方まで泳いだ。

(11) 雨天決行。（　）豪雨の場合は中止。

(1)［　］ (2)［　］ (3)［　］ (4)［　］
(5)［　］ (6)［　］ (7)［　］ (8)［　］
(9)［　］ (10)［　］ (11)［　］

ア すると　**イ** そして　**ウ** ところで　**エ** つまり
オ しかも　**カ** ただし　**キ** しかし　**ク** ゆえに
ケ それとも

ヒント

1 接続詞は、文と文とをつなぐ場合が多く、その場合には、文の先頭に来る。接続詞を探すときには文の先頭に注意しよう。もちろん、文節（連文節）どうしを結びつけるときには、文中にくる。どちらも働きは同じである。

2 接続詞をあてはめる問題では、その前後をよく読んで、その関係を表している接続詞を選ぶ。

標準問題

▼答え 別冊 p.12

1 〈接続詞とその種類〉

次の各文の接続詞に——線を引き、その種類を、あとのア～キから選んで、記号で答えなさい。差がつく

(1) こんなに売れるのも、つまり、品質がよいからだ。
(2) ニュースを終わります。さて、次は天気予報です。
(3) 体育館がある。それから美術館もある。
(4) 彼は医者であり、また作家である。
(5) 雨が降ってきた。それで試合を中止した。
(6) ここは暖かい。ゆえに植物がよく育つ。
(7) まじめに働いた。なのに、生活は楽にならない。
(8) 本は好きだ。しかし、国語は苦手だ。
(9) 電話もしくはファックスでお願いします。
(10) 彼は本をよく読む。だから、知識が豊富だ。
(11) ラーメンにするか、それともチャーハンにするか。
(12) ぼくは寿司が好きだ。それに天ぷらも。
(13) 冬はたいへん寒い。けれども雪は少ない。

ア 順接　イ 逆接　ウ 累加(添加)　エ 並立(並列)
オ 対比・選択　カ 説明・補足　キ 転換

2 〈接続詞とほかの品詞の識別〉

次の各組の——線をつけた語について、あてはまるものを、あとのア～オから選んで、記号で答えなさい。ミス注意

(1) ① 欲しかったが、買わなかった。
② 欲しかった。が、買わなかった。
(2) ① いくら呼んでも起きない。
② 十時だ。でも、兄は起きない。
(3) ① それをすると、怒られるよ。
② 先生が怒った。すると、生徒たちはみんな静かになった。
(4) ① 勉強もし、また部活もする。
② 明日また練習に参加する。
(5) ① 本が好きだから、毎日読む。
② 今日から夏休みだ。だから電車もすいている。

ア 助詞　イ 接続詞　ウ 形容動詞の語尾＋助詞
エ 動詞＋助詞　オ 副詞

⑩感動詞

重要ポイント

①感動詞の性質と働き

□**感動詞とは**…ふつう、**文頭にあって、感動・呼びかけ・応答などを表す単語。**

□**感動詞の性質**…自立語で活用がなく、**単独で独立語になる。**

独立語の文節をつくる単語は、この感動詞と体言（名詞）だけである。

例 **はい、ぼくが行きます。（感動詞）**
先生、ぼくが行きます。**（名詞）**

②感動詞の種類

□**感動**…感動（驚（おどろ）き・喜び・悲しみ・怒（いか）り・疑いなど）を表す。

□**呼びかけ**…呼びかけ（誘（さそ）いかけ）の気持ちを表す。

□**応答**…相手に対する応答や反問を表す。

□**あいさつ**…あいさつの気持ちを表す。

□**かけ声**…かけ声を表す。

◉**おもな感動詞**

同じ形でも、用いられ方によって種類が異なるものがあるので注意する。

感動…あ・ああ・あっ・あら・あれ・えっ・おお・おや・ほら・まあ・やれやれ

呼びかけ…おい・こら・これ・これこれ・さあ・そら・それ・どれ・ね・ねえ・もし・もしもし・やあ・やい

応答…ああ・いいえ・いや・うん・ええ・はい

あいさつ…こんにちは・こんばんは・さようなら・おはよう（ございます）

かけ声…そら・どっこいしょ・よいしょ

重要ポイント確認問題

1 感動詞

次の各文の（　）にあてはまる語を答えなさい。

□ (1) 感動詞は、ふつう、文頭にあって、「あら」「おや」などの感動を表す語や「もしもし」などの（①　　）を表す語や「はい」「いいえ」などの（②　　）を表す語などがある。

□ (2) 感動詞は、活用の（①　　）自立語で、単独で（②　　）語になる。

2 感動詞の識別

次の各文から、感動詞をぬき出しなさい。

□ (1) やれやれ、やっと宿題が終わった。（　　）

□ (2) はい、かしこまりました。（　　）

□ (3) いいえ、私はそうは思いません。（　　）

□ (4) ようこそ、心から歓迎（かんげい）いたします。（　　）

□ (5) こんにちは。お元気ですか。（　　）

□ (6) もしもし、山本さんですか。（　　）

□ (7) ありがとう。この本とってもおもしろかった。（　　）

□ (8) おや、これは珍（めずら）しい。あなたが来るなんて。（　　）

□ (9) こら、早く起きろ。起きないと学校に遅刻（ちこく）するぞ。（　　）

1

(1) ① 呼びかけ　② 応答

(2) ① ない　② 独立

2

(1) やれやれ

(2) はい

(3) いいえ

(4) ようこそ

(5) こんにちは

(6) もしもし

(7) ありがとう

(8) おや

(9) こら

基礎問題

▼答え　別冊 p.12

1 〈感動詞の種類〉

次の各文の――線部の感動詞の種類を、あとのア〜オから選んで、記号で答えなさい。重要

(1) さあ、よく見ていてください。〔　　〕
(2) おや、そのけがはどうしたのですか。〔　　〕
(3) こんにちは、今日(きょう)はいい天気ですね。〔　　〕
(4) いや、そんな気持ちはありませんよ。〔　　〕
(5) よいしょ。重たい荷物だな。〔　　〕

ア 感動　イ 呼びかけ　ウ 応答　エ あいさつ
オ かけ声

2 〈独立語の品詞〉

次の各文の――線部の独立語について、その品詞を答えなさい。

(1) ほら、ぼくが言ったとおりじゃないか。〔　　〕
(2) あれっ、あの人テレビで見たことがあるわ。〔　　〕
(3) 優勝(ゆうしょう)、それは部員全員の共通の目標です。〔　　〕
(4) はい、次はもっとがんばります。〔　　〕
(5) お父さん、ぼくもいっしょに連れてって。〔　　〕

3 〈感動詞の識別〉

次の文章から感動詞をすべてぬき出しなさい。

「あっ、もうこんな時刻になっちゃった。それでは失礼しなくちゃ」――子供づれで年始のあいさつに行った先で、カルタやトランプの遊びに夢中になって、時間のたつのを忘れることがある。玄関(げんかん)をでると、外は冷たいシベリア風。思わずショールをかき合わせ見上げる空に、冬の星がきらめいている。正月には人びとは星を見上げる機会が多い。

冬の星の代表はなんといってもオリオン星座。猟師(りょうし)オリオンの腰のベルトにあたるところに等間隔(とうかんかく)で三つの星が並んでいる。「ほら、あれが三つ星よ」と一度教えると、子供たちは、晴れた冬の夜ならすぐにこの星を見つけ出す。

（倉嶋厚(くらしまあつし)『お天気博士の晴雨手帖(てちょう)』より）

〔　　　　　　　　〕

ヒント

1 怒(いか)りや疑いなどを表すことばも「感動」に含(ふく)まれるので注意しておこう。

2 独立語になる品詞は、感動詞のほかに名詞がある。独立語だからといってすぐに「感動詞」にしないようにしよう。

標準問題

▼答え 別冊 p.12

1 〈感動詞の識別〉

次の各組の――線部の語が、感動詞であるものには○をつけ、そうでないものはその品詞を答えなさい。 重要

(1)
① あれ、なんでこの本がここにあるのかな。 〔　　〕
② あれはあなたの本ですか。 〔　　〕

(2)
① ああ、なんてきれいな景色なんだろう。 〔　　〕
② ああいう技術をぼくも身につけたいな。 〔　　〕

(3)
① どれですか。君が忘れたかさは。 〔　　〕
② どれ、わしが見てあげようかな。 〔　　〕

(4)
① それが何よりの証拠（しょうこ）だ。 〔　　〕
② 今だ。それ、走れ。 〔　　〕

2 〈感動詞の種類〉

次の会話から、感動詞をぬき出し、あとの四つに分類しなさい。 ミス注意

「田中君、おはよう。」

「鈴木先輩（せんぱい）。おはようございます。」

「ねえ、そんなにあわててどうしたの。」

「それが、誰（だれ）かが自転車で転んで、けがをしたみたいなんですよ。」

「えっ、それはたいへんだ。様子を見に行ってこよう。君は先生を呼んできて。」

「ええ、わかりました。」

「ほら、急いで。」

「あっ、あそこにおまわりさんが。」

「それなら、おまわりさんを呼んできて。」

「はい。」

感　動 〔　　〕
呼びかけ 〔　　〕
応　答 〔　　〕
あいさつ 〔　　〕

実力アップ問題

◎制限時間30分　◎合格点70点　▼答え 別冊p.13

［　　点］

1 次の各文を読んで、あとの問いに答えなさい。

(1)（　）重い荷物を引きずっていた男は、坂道の手前で①少し立ち止まった。

(2)②ずいぶん長い間待っていたが、（　）足が疲(つか)れてくるばかりで、彼(かれ)の姿を見ることはできなかった。

(3)彼はそれまでの会話に（　）退屈(たいくつ)していたので、新しい話題に③さっと反応した。

(4)ぼくはベッドの中で（　）考えた。あいつは④どうしてあんなことをしたのだろう。

(5)彼女(かのじょ)が⑤ときどき読んでいる本は、（　）推理小説だろう。

(6)その時、（　）湧(わ)く水音がどこからともなく聞こえた。頭の中に希望の光が⑥ちらりとよぎった。

問一 各文の（　）にあてはまる副詞を、あとの**ア**～**カ**から選んで、記号で答えなさい。〈4点×6〉

(1)［　　］　(2)［　　］　(3)［　　］　(4)［　　］

(5)［　　］　(6)［　　］

ア おそらく　**イ** ずるずると　**ウ** だんだん

エ いささか　**オ** ふつふつと　**カ** つらつら

問二 ――線①～⑥の副詞の種類を、あとの**ア**～**ウ**から選んで、記号で答えなさい。〈4点×6〉

①［　　］　②［　　］　③［　　］　④［　　］

⑤［　　］　⑥［　　］

ア 状態の副詞　**イ** 程度の副詞　**ウ** 呼応の副詞

2 次の文章を読んで、あとの問いに答えなさい。

知恵がつくられる場所である人間の脳は、また、コンピューターなどと違(ちが)って、物事を幅(はば)をもってみつめ、考えることができるようにできている。［A］寛容(かんよう)な思考態度をとることが人間にはできるのだ。

例えば、コンピューターに映画を見させても、彼は鑑賞(かんしょう)することができない。［B］、一つ一つのコマがバラバラな画面に見え、そこにある連続した動きがコンピューターには見えないからだ。［C］人間は、一つのコマを見てイメージをはっきり残し、次のコマへ移るまでのきわめて短い間を無視し、前のコマのイメージを持続させて次のコマのイメージと重ねることができる。これは人間の脳がある時は敏感(びんかん)に働き、ある時は鈍感(どんかん)に働き、［D］刺激(しげき)に対する反応の余韻(よいん)を残すという特性をもっているからだが、ともかくも、人間はそのような不連続なものから連続したものを読みとる能力をもっているのだ。

（広中平祐(ひろなかへいすけ)『生きること　学ぶこと』より）

問一 A ～ D にあてはまる接続詞を、あとのア～クから選んで、記号で答えなさい。〈4点×4〉

ア さて　イ つまり　ウ また
エ なぜなら　オ だから　カ ところが
キ たとえば　ク ところで

A［　］B［　］C［　］D［　］

問二 問一で選んだ接続詞の種類を、あとのa～gから選んで、記号で答えなさい。〈4点×4〉

A［　］B［　］C［　］D［　］

a 順接　b 逆接　c 累加(添加)
d 並立(並列)　e 対比・選択　f 説明・補足
g 転換

3 次の文章から感動詞をぬき出し、その種類をあとのア～ウから選んで、記号で答えなさい。〈6点〉

「こんにちは。」

「いらっしゃい。あら、きれいな花ですね。」

「ええ、リンドウです。ちょうど今、うちの庭で満開だったので、ちょっと持ってきました。」

「こういうかれんな花もいいですね。」

［　　　　］

ア 感動　イ 応答　ウ あいさつ

4 次の各文から連体詞をぬき出しなさい。また、その連体詞が修飾する文節をぬき出しなさい。〈2点×7〉

(1) 日本列島を大きな台風が襲った。
(2) 次はあの山に登ろう。
(3) 世界中のあらゆる国に呼びかけた。
(4) 彼はたいしたものだ。
(5) 男がおかしな行動をした。
(6) それは、とんだ災難にあったものだ。
(7) 去る十日に実施しました。

(1)［　］→［　］
(2)［　］→［　］
(3)［　］→［　］
(4)［　］→［　］
(5)［　］→［　］
(6)［　］→［　］
(7)［　］→［　］

⑪ 動詞の性質・活用

重要ポイント

① 動詞の性質

□ **動詞とは**…物事の動作・作用・存在などを表す単語。

□ **動詞の性質**…① 自立語で活用がある。
② 単独で述語になる。
③ 言い切りの形が五十音図のウ段の音で終わる。

例 買う（u）　書く（ku）　泳ぐ（gu）
起きる（ru）　数える（ru）　来る（ru）　する（ru）

② 動詞の活用

□ **動詞の活用形**…未然（みぜん）形・連用形・終止形・連体形・仮定形・命令形の六つ。

□ **語幹**（ごかん）…どんな用いられ方をしても、常に形の変わらない部分。

□ **活用語尾**（ごび）…用いられ方によって形を変える部分。

◉ **動詞の活用形**

① **未然形**…「ない」「う・よう」に連なる形。
例 書かない／書こう　起きない　数えない

② **連用形**…「ます」「た」に連なる形。中止法がある。
例 書きます／書いた　起きます　数えます

③ **終止形**…言い切りの形。動詞の基本形。「と」に連なる場合もある。
例 書く。　起きる。　数える。

④ **連体形**…「とき」「こと」などの体言に連なる形。
例 書くとき　起きるとき　数えるとき

⑤ **仮定形**…「ば」に連なる形。
例 書けば　起きれば　数えれば

⑥ **命令形**…命令の意味で言い切る形。
例 書け。　起きろ。／起きよ。　数えろ。／数えよ。

◉ **語幹と活用語尾**

動詞の中には、語幹と語尾が区別できないものもある。
例 着る　煮（に）る　似る　出る　来る　する

重要ポイント確認問題

1 動詞の性質

次の各文の（　　）にあてはまる語を答えなさい。

□ (1) 動詞とは、物事の動作・（　　　）・存在などを表す単語。

□ (2) 動詞は、活用の（①　　　）自立語で、単独で（②　　　）になる。言い切りの形が五十音図の（③　　　）段の音で終わる。

2 動詞の活用

次の各文の（　　）にあてはまる語を答えなさい。

□ (1) 動詞の活用は、（①　　　）種類あり、基本形を（②　　　）形という。

□ (2) どんな用いられ方をしても、常に形の変わらない部分を（　　　）という。

□ (3) 用いられ方によって形を変える部分を（　　　）という。

3 動詞の活用

次の各文の（　　）にあてはまるように、「泣く」を活用させて書きなさい。

□ (1) 人前では決して（　　　）ない。

□ (2) 卒業式では、みんな（　　　）ました。

□ (3) いつまでも（　　　）ことはない。

□ (4) 思いっきり（　　　）ば、気持ちも晴れる。

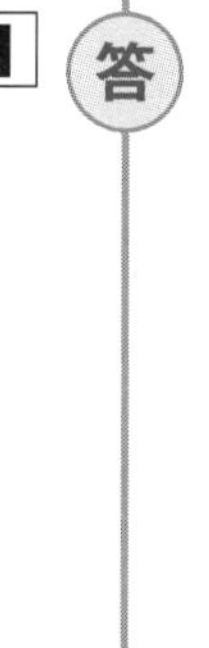

1

(1) 作用

(2) ① ある　② 述語　③ ウ

2

(1) ① 六　② 終止

(2) 語幹

(3) 活用語尾

3

(1) 泣か

(2) 泣き

(3) 泣く

(4) 泣け

基礎問題

▼答え　別冊p.14

1
〈動詞の識別〉

次のア〜シから動詞を選んで、記号で答えなさい。

ア 寒い　イ 打つ　ウ 元気だ　エ 成功する
オ 冬　カ もらう　キ うるさい　ク いす
ケ すぐ　コ 回る　サ 遠い　シ これ

［　　　］

2
〈動詞の性質〉

次の各文の――線部の動詞を、言い切りの形(終止形)に直しなさい。 重要

(1) 日曜日に、映画を見に行きました。［　　］
(2) 弟からの便りが、もう三か月も来ていない。［　　］
(3) 兄の洋服を着たら、まだぼくには大きかった。［　　］
(4) 世界中の切手を集めたい。［　　］
(5) 最後まで彼(かれ)のことを信じようと思う。［　　］

3
〈動詞の識別〉

次の各語の品詞をそれぞれ答えなさい。

(1) 歩く［　　］　(2) 注意する［　　］
(3) ぼく［　　］　(4) 新しい［　　］
(5) 静かだ［　　］　(6) 過ぎる［　　］

4
〈動詞の活用〉

次の各文の(　)にあてはまるように、下の動詞を活用させて答えなさい。

(1) 雨が(　)ないうちに、家に帰ろう。〔降る〕
(2) 雨のしずくが肩(かた)を(　)た。〔ぬらす〕
(3) 彼はたびたび(　)が、実は迷惑(めいわく)だ。〔来る〕
(4) 勉強を(　)たら、遊ぼう。〔する〕
(5) 今度は新しい技を(　)よう。〔試みる〕
(6) しばらく手を(　)ていた。〔見つめる〕
(7) 表情に疲(つか)れが(　)た。〔見える〕
(8) (　)時間は、とても長く感じる。〔待つ〕
(9) 問題文をしっかり(　)ばわかる。〔読む〕

(1)［　　］　(2)［　　］　(3)［　　］
(4)［　　］　(5)［　　］　(6)［　　］
(7)［　　］　(8)［　　］　(9)［　　］

ヒント

1 活用するもので、言い切りの形がウ段の音で終わるものを選ぶ。動詞は、物事の動作・作用・存在を表す単語である。

2 それぞれ、ウ段の音で言い切ってみよう。語幹と活用語尾(ごび)の区別のない(2)や(3)の動詞に気をつけよう。

標準問題

▼答え 別冊p.14

1

〈動詞の識別〉

次の各文から動詞を探し、それぞれ言い切りの形（終止形）で答えなさい。

(1) これは偉人(いじん)が言ったことばだ。　［　　］
(2) 玄関(げんかん)に美しい花をかざった。　［　　］
(3) この鉄橋を渡(わた)れば、駅だ。　［　　］
(4) すてきな笑顔(えがお)で迎(むか)える。　［　　］
(5) しばらく学校を休みます。　［　　］
(6) 風が吹(ふ)く草の上は気持ちいい。　［　　］
(7) 明朝は、六時に起きよう。　［　　］
(8) 私たちは、広場で野球をした。　［　　］
(9) 妹のほがらかな声が聞こえる。　［　　］
(10) 野にも山にも春が来た。　［　　］

2

〈動詞の活用〉

次の各文の（　）にあてはまるように、動詞「動く」を活用させなさい。また、その活用形も答えなさい。 重要

(1) ぬかるみにはまって車が（　　）ない。
活用形［　　］

(2) この石が（　　）ば、ここから脱出(だっしゅつ)できる。
活用形［　　］

(3) 風で枝が（　　）ます。
活用形［　　］

(4) もうそろそろここから（　　）う。
活用形［　　］

(5) 獲物(えもの)が（　　）一瞬(いっしゅん)をとらえ、矢を射る。
活用形［　　］

3

〈語幹と活用語尾〉

次の動詞を例にならって語幹と活用語尾に分けなさい。ただし、その区別ができない動詞には、×をつけなさい。 ミス注意

例 走る（走・る）　準備する（準備・する）

(1) 立つ［　　］　(2) 騒(さわ)ぐ［　　］
(3) 負ける［　　］　(4) 来る［　　］
(5) 似る［　　］　(6) 出る［　　］
(7) 起きる［　　］　(8) する［　　］
(9) 飛び立つ［　　］　(10) 着る［　　］

⑫ 動詞の活用の種類

重要ポイント

① 動詞の活用の種類

□ **五段活用**…五十音図のア・イ・ウ・エ・オの五つの段に活用する。連用形は下に連なる語によって音便の形になる。

例 動いた（**イ音便**）　思った（**促音便**）　読んだ（**撥音便**）

□ **上一段活用**…五十音図のイ段に活用する。

□ **下一段活用**…五十音図のエ段に活用する。

□ **カ行変格活用（カ変）**…「来る」一語だけ。

□ **サ行変格活用（サ変）**…「する」「～する」だけ。

② 各活用形のおもな用法

□ **未然形**…「ない」「う・よう」に連なる形。

□ **連用形**…「ます」「た」に連なる形。

□ **終止形**…言い切る形。「と」に連なる形もある。

□ **連体形**…「とき」などの体言に連なる形。

□ **仮定形**…「ば」に連なる形。

□ **命令形**…命令の意味で言い切る形。

テストではココがねらわれる

◉ **動詞の活用表**

基本形	語幹	未然形	連用形	終止形	連体形	仮定形	命令形	種類
書く	書	―か ―こ	―き ―い	―く	―く	―け	―け	五段
起きる	起	―き	―き	―きる	―きる	―きれ	―きろ ―きよ	上一段
受ける	受	―け	―け	―ける	―ける	―けれ	―けろ ―けよ	下一段
来る	○	こ	き	くる	くる	くれ	こい	カ変
する	○	し せ さ	し	する	する	すれ	しろ せよ	サ変

◉ **五段・上一段・下一段活用の種類の見分け方**

「**ない**」をつけて見分ける。

ア段の音＋**ない**…五段活用

イ段の音＋**ない**…上一段活用

エ段の音＋**ない**…下一段活用

重要ポイント確認問題

1 動詞の活用の種類

次の各文の（　）にあてはまる語を答えなさい。

□動詞の活用の種類は五つある。（　　　　）活用・上一段活用・（　　　　）活用・（　　　　）活用・サ行変格活用の五つである。

2 動詞の活用

次の活用表を完成させなさい。

基本形	語幹	未然形	連用形	終止形	連体形	仮定形	命令形	活用の種類
咲く								五段活用
着る								上一段活用
助ける								下一段活用
来る								カ行変格活用
する								サ行変格活用

答

1 五段／下一段／カ行変格

（順番は異なっていてもよい。）

2 （語幹から順に示す。）

咲く＝咲／か・こ／き・い／く／く／け／け

着る＝○／き／き／きる／きる／きれ／きろ・きよ

助ける＝助／け／け／ける／ける／けれ／けろ・けよ

来る＝○／こ／き／くる／くる／くれ／こい

する＝○／し・せ・さ／し／する／する／すれ／しろ・せよ

基礎問題

▼答え 別冊 p.15

1

〈動詞の活用の種類〉

次の動詞の活用の種類をあとのア～オから選んで、記号で答えなさい。 重要

(1) 降りる［　　］ (2) 出る［　　］ (3) する［　　］
(4) 聞く［　　］ (5) 来る［　　］ (6) 似る［　　］
(7) 動く［　　］ (8) 泳ぐ［　　］

ア 五段活用　イ 上一段活用　ウ 下一段活用
エ カ行変格活用　オ サ行変格活用

2

〈カ行変格活用・サ行変格活用〉

次の各文の（　）に、(1)～(4)には「来る」を、(5)～(7)には「する」を適当に活用させ、ひらがなで答えなさい。 ミス注意

(1) 待っていても彼（かれ）は（　　）ない。
(2) 君が（　　）てくれてうれしい。
(3) 訪ねて（　　）人もいない。
(4) 今度遊びに（　　）ば、ごちそうするよ。
(5) 勉強も（　　）ずに、遊んでばかりいる。
(6) 勉強を（　　）ば、成績は上がる。
(7) 私にもお手伝いを（　　）せてください。

3

〈活用の種類・活用形〉

次の――線部の動詞について、その活用の種類をあとのア～ウから、また、活用形をあとのA～Fから選んで、記号で答えなさい。

(1) 英単語を五百個覚えよう。［　・　］
(2) 危険だから家から外に出ろ。［　・　］
(3) 道を間違（まちが）えることが多い。［　・　］
(4) あのビルまで行けば、ゴールは近い。［　・　］
(5) 成績がぐんぐん伸（の）びる。［　・　］
(6) 笑顔（えがお）を見せて、彼は去っていった。［　・　］
(7) この部屋にはもう誰（だれ）もいない。［　・　］
(8) 友だちに本を貸した。［　・　］
(9) うるさくて先生の話が聞こえない。［　・　］
(10) 私たち親子はあまり似ていない。［　・　］

ア 五段活用　イ 上一段活用　ウ 下一段活用

A 未然形　B 連用形　C 終止形　D 連体形
E 仮定形　F 命令形

ヒント

1 カ行変格活用は、「来る」一語。サ行変格活用は「する」と「～する」という形の複合動詞だけである。それ以外の動詞は、「ない」に続く形から見分けるようにしよう。

3 活用の種類は、「ない」に連なる未然形の形から判断する。ア段の音で連なれば五段活用、イ段なら上一段活用、エ段なら下一段活用である。

標準問題

▼答え 別冊 p.15

1

〈活用の種類・活用形〉

次の各文の――線部の動詞について、活用の種類と活用形を答えなさい。 重要

(1) ごみはごみ箱に捨てよう。 [　　・　　]

(2) そろそろ練習を始めます。 [　　・　　]

(3) この道具を用いて、作ろう。 [　　・　　]

(4) 早く終わればよいのに。 [　　・　　]

(5) 食事に誘(さそ)われた。 [　　・　　]

(6) とてもうまくいったように見える。 [　　・　　]

2

〈音便の形〉

次のア～コの動詞から、音便の形のあるものを選んで、あとの三つに分類しなさい。 差がつく

ア 見る　イ 書く　ウ 急ぐ　エ 読む　オ 来る

カ 買う　キ 死ぬ　ク 笑う　ケ する　コ 出る

イ音便 [　　　]

促(そく)音便 [　　　]

撥(はつ)音便 [　　　]

3

〈活用の種類・活用形・音便〉

次の文章を読んで、あとの問いに答えなさい。

ああ、待っているだろう。ありがとう、セリヌンティウス。よくも私を信じてくれた。それを①思えば、たまらない。友と友の間の信実は、この世で一ばん誇(ほこ)るべき宝なのだからな。セリヌンティウス、私は走ったのだ。君を欺(あざむ)くつもりは、みじんも無かった。信じてくれ！　私は急ぎに急いでここまで②来たのだ。濁流(だくりゅう)を③突破(とっぱ)した。山賊(さんぞく)の囲みからも、するりと抜(ぬ)けて一気に峠(とうげ)を駆(か)け降りて来たのだ。私だから、出来たのだよ。

（太宰治(だざいおさむ)『走れメロス』より）

問一 ――線①・③の動詞の活用の種類と活用形をそれぞれ答えなさい。

① [　　・　　]

③ [　　・　　]

問二 ――線②の活用の種類と活用形と「来」の読み方を答えなさい。

[　　・　　・　　]

問三 ＝＝線部「走っ」と同じ種類の音便の形をとっている動詞を本文中からぬき出しなさい。

[　　　]

⑬動詞の種類・働き

重要ポイント

①自動詞・他動詞・可能動詞・補助動詞

□**自動詞**…主語の動作・作用を表す。「〜は」「〜が」という主語に続く。

□**他動詞**…主語以外のものへの動作・作用を表す。「〜を」という修飾語に続くことが多い。

例 **人が集まる。**…**自動詞**(「人が」が主語)
人を集める。…**他動詞**(「人を」が修飾語)

□**可能動詞**…「〜できる」という意味をもつ動詞。下一段に活用する。命令形はない。

□**補助動詞(形式動詞)**…その動詞本来の意味が薄れ、補助的な役割で使われる動詞。

②動詞の働き

□**述語になる**…単独で述語になる。

□**主語になる**…「のは」「のが」などをともなう。

□**修飾語になる**…単独で連体修飾語、付属語をともない連用修飾語になる。

□**接続語になる**…接続助詞をともなう。

◉**可能動詞**

可能動詞にすることができるのは、五段活用の動詞だけ。

例 読む→**読める**　書く→**書ける**
泳ぐ→**泳げる**

それ以外の活用の動詞は、助動詞「れる」「られる」をつけて可能の意味を表す。

例 見る→**見られる**　受ける→**受けられる**
する→**される**

◉**補助動詞**

ふつう、ひらがなで書き、その上の文節は、「〜て(で)」という形になる。「いる」「ある」「おく」「くる」「いく」「みる」「もらう」など。

例 友だちが来る。
友だちに会ってくる。(**補助動詞**)
おやつをもらう。
おやつを出してもらう。(**補助動詞**)

重要ポイント確認問題

1 動詞の種類

次の各文の（　）にあてはまる語を答えなさい。

□(1)（①　）動詞は、主語についての動作・作用を表す語である。「～は」「～が」という主語に続く。（②　）動詞は、主語以外のものへの動作・作用を表す語で、「～を」という修飾語に続くことが多い。

□(2)（　）動詞は、「～できる」という意味をもつ動詞で、五段活用の動詞からしかつくれない。

□(3) その動詞本来の意味が薄(うす)れ、補助的な役割で使われる動詞を、（　）動詞または（　）動詞という。

2 自動詞・他動詞

次の――線部の動詞について、自動詞ならばA、他動詞ならばBと答えなさい。

□(1) 窓を開ける。（　）　□(2) 手紙を書く。（　）

□(3) 計画が変わる。（　）　□(4) 試合に負ける。（　）

□(5) プリントを集める。（　）

3 可能動詞

次の五段活用の動詞を可能動詞に直しなさい。

□(1) 買う（　）　□(2) 飛ぶ（　）　□(3) 読む（　）

□(4) 話す（　）　□(5) 動く（　）

答

1 (1) ① 自　② 他
(2) 可能
(3) 補助／形式（順番は異なっていてもよい。）

2 (1) B　(2) B
(3) A　(4) A
(5) B

3 (1) 買える　(2) 飛べる　(3) 読める
(4) 話せる　(5) 動ける

基礎問題

▼答え 別冊 p.15

1 〈自動詞・他動詞〉

次の（　）にあてはまる、――線部の動詞と対応する自動詞または他動詞を答えなさい。重要

	〈自動詞〉		〈他動詞〉
(1)	船が　浮かぶ。	――	船を（　　）。
(2)	弟が（　　）。	――	弟を　起こす。
(3)	試合が　続く。	――	試合を（　　）。
(4)	目が　覚める。	――	目を（　　）。
(5)	火が（　　）。	――	火を　消す。
(6)	波風が　立つ。	――	波風を（　　）。
(7)	車が　止まる。	――	車を（　　）。
(8)	作戦が　変わる。	――	作戦を（　　）。
(9)	窓が（　　）。	――	窓を　閉じる。

2 〈補助動詞〉

次の各文の――線部の動詞のうち、補助動詞はどれか。すべて選んで、番号で答えなさい。

(1) マラソンに挑戦してみる。
(2) 彼の絵画をじっくりとみる。
(3) とりあえず明日の計画を立てておく。
(4) 机の上に教科書をおく。

［　　　　］

3 〈動詞の働き〉

次の各文の――線部は動詞を含む文節である。その文節の働きとして適当なものを、あとのア～オから選んで、記号で答えなさい。

(1) もう少し遅れれば、終わっていただろう。［　］
(2) 魚を釣りにでかける。［　］
(3) 最後まで粘る習慣がついた。［　］
(4) 勝負に勝ったのは、練習のたまものだ。［　］
(5) 歯をみがき、顔を洗った。［　］
(6) 家を出るのも、めんどうだ。［　］
(7) 遊び過ぎて、宿題が終わっていない。［　］
(8) 朝早く起きるようにしなさい。［　］
(9) 続きはあとにしよう。［　］
(10) 打った球が野手の間をぬけた。［　］

ア 主語　イ 述語　ウ 修飾語　エ 接続語
オ 独立語

ヒント

1 自動詞と他動詞で形が変わらないものに注意しよう。
2 補助動詞は「～て(で)」という形の文節についているので、そこで見分けよう。ふつう、本来の動詞の場合は、漢字で表記する。

標準問題

▼答え 別冊 p.16

1

〈自動詞・他動詞〉

次の自動詞のうち、対応する他動詞の活用の行・種類が自動詞と同じものをすべて選んで、記号で答えなさい。差がつく

ア 折れる　イ 進む　ウ 集まる　エ 当たる
オ 笑う　カ 鳴る　キ 散る　ク 届く
ケ 増す　コ 乱れる

［　　　］

2

〈補助動詞〉

次の各文から、補助動詞をそのままの形でぬき出しなさい。

(1) 貴重品を金庫にしまっておく。［　　］
(2) かなり白髪(しらが)が目立ってきた。［　　］
(3) このことは父には伝えてある。［　　］
(4) この仏像は国宝である。［　　］
(5) 余生(よせい)は静かに暮らしていきたい。［　　］

3

〈補助動詞〉

次の各文のうち、補助動詞が使われている文をすべて選んで、番号で答えなさい。

(1) 丹念(たんねん)に調べてみると、なぞが解けた。
(2) いつも誰(だれ)かに見られている気がする。
(3) すばらしい絵画に時を忘れて見入る。
(4) 今まで成功した人はいない。
(5) 名高い桜の木が丘(おか)の上にある。
(6) 彼(かれ)の話に聞き入ってしまう。
(7) 大切な書類を袋(ふくろ)にしまう。
(8) 彼は郷土(きょうど)の誇(ほこ)りである。

［　　　］

4

〈可能動詞〉

次の各文の——線部の動詞についての説明を、あとのア〜エから選んで、記号で答えなさい。重要

(1) あと五百円あれば、買える。［　　］
(2) 来週には流星群が見れるかもしれない。［　　］
(3) 少々古いスタイルの服だが、まだ着られる。［　　］
(4) 明日はきっと晴れる。［　　］
(5) この高さなら飛べるだろう。［　　］
(6) 坂は急だが、何とか行けるだろう。［　　］
(7) 心配事が多くてなかなか寝(ね)れない。［　　］
(8) 日程が厳しいが、何とか来られそうだ。［　　］

ア 可能動詞
イ 動詞＋助動詞「れる」「られる」
ウ 可能動詞以外の動詞
エ 文法的に誤った表現

実力アップ問題

◎制限時間30分　◎合格点70点　▼答え 別冊p.16

点

1 次の各文の――線部の動詞について、活用の種類と活用形を答えなさい。〈3点×5〉

(1) 遠くに町の明かりが見える。［　・　］

(2) 次の駅で降りることにした。［　・　］

(3) 意見があるなら、はっきり述べよう。［　・　］

(4) 湖上で暮らす夢を実現する。［　・　］

(5) 次回の検定試験を受けます。［　・　］

2 次の各組の語の中で、文法上一つだけ種類の違うものがある。それぞれぬき出し、その理由をあとのア～オから選んで、記号で答えなさい。〈3点×5〉

(1) 集める　続ける　負ける　届ける［　・　］

(2) 集める　飛べる　買える　取れる［　・　］

(3) 飛ぶ　進む　読む　鳴く［　・　］

(4) 成功　発明　家族　旅行［　・　］

(5) いる　ある　みる　する［　・　］

ア その動詞は自動詞で、ほかの三つは他動詞である。
イ その動詞以外の三つは可能動詞である。
ウ その動詞はイ音便で、ほかの三つは撥音便である。
エ その動詞以外の三つは補助動詞となりうる。
オ その語以外の三つはサ変動詞になりうる。

3 次の文章を読んで、あとの問いに答えなさい。

だれかの話に答え①てばか笑いをしたテツオの声にうながされて、サチは兄やんを見た②。していた話をつまらせて、また、なにごともなかったかのようにしゃべりだした兄やんの気持ちがサチにはたまらなかった。

『なあ、こんなことがみんなに知れたら、テツオはのけ者にされる。もう、山にもこれなくなる。ひとりじゃ山に入れんもの……』

兄やんの言葉が【よみがえる】たサチは、弁当をくるんで立ち上がった。もう、ごはんが、のどを通らないほどの気分になっていた。テツオだって、大きなイタドリをもって帰って、お母さんを喜ばせたいだけなのだと分かっていた。取り決めが悪いのかもしれないとも、まだ思っていた。

（笹山久三（ささやまきゅうぞう）『やまびこのうた』より）

問一 ――線①・②の動詞の活用の種類と活用形を答えなさい。〈6点×2〉

①［　　・　　］

②［　　・　　］

問二【　】内の動詞を適当な形に改めなさい。〈4点〉

［　　］

問三 文章中から撥音便の動詞をそのままの形でぬき出しなさい。〈4点〉

［　　］

問四 文章中から補助動詞を終止形に直して答えなさい。〈4点〉

［　　］

4 **次の各語を可能動詞に直しなさい。可能動詞にできないものは、×をつけなさい。**〈2点×8〉

(1) 飲む［　　］　(2) 来る［　　］

(3) 聞く［　　］　(4) 食べる［　　］

(5) 歌う［　　］　(6) 呼ぶ［　　］

(7) 過ぎる［　　］　(8) 取る［　　］

5 **次の各文の――線部の文節の働きを、それぞれあとのア～エから選んで、記号で答えなさい。**〈3点×10〉

(1) 毎日少しの時間でもよいから、読書をしなさい。［　　］

(2) 試合には勝ったけれど、内容では負けていた。［　　］

(3) 歩きながら食べるのは不作法だ。［　　］

(4) この局面を乗り切るのが難しい。［　　］

(5) 勝利へ通じる道をさぐる。［　　］

(6) この写真を見ると、中学生だったころを思い出す。［　　］

(7) 目が覚めたのは朝の五時だ。［　　］

(8) 休日はのんびり過ごす。［　　］

(9) 彼（かれ）が建てる家はすばらしい。［　　］

(10) この問題を解けば、終わりだ。［　　］

ア 述語になる。

イ 主語になる。

ウ 修飾（しゅうしょく）語になる。

エ 接続語になる。

⑭形容詞の性質・活用

重要ポイント

①形容詞の性質

□**形容詞とは**…物事の性質・状態を表す単語。

□**形容詞の性質**…自立語で活用があり、単独で述語になる。

□**言い切りの形**…言い切ると「い」で終わる。

②形容詞の活用

□**活用形**…未然(みぜん)形・連用形・終止形・連体形・仮定形の五つ。命令形はない。

□**活用の種類**…活用のしかたは一種類しかない。
連用形は、「ございます」などに連なるとき、ウ音便の形になる。そのとき、語幹の一部が変化することもある。
例 寒く＋ございます→**寒う**ございます。
危なく＋ございます→**危のう**ございます。

◉**形容詞の活用形**

① **未然形**…「う」に連なる形。
例 花が**美しかろ**う。

② **連用形**…「た」「ない」「なる」などに連なる形。
例 花が**美しかっ**た。
花が**美しく**ない。

③ **終止形**…言い切る形。形容詞の基本形。
例 花が**美しい**。

④ **連体形**…体言やいろいろな付属語に連なる形。
例 花が**美しい**ときに見に行く。

⑤ **仮定形**…助詞「ば」に連なる形。
例 花が**美しけれ**ばよかったのに。

未然形	連用形	終止形	連体形	仮定形	命令形
—かろ	—かっ —く	—い	—い	—けれ	○

重要ポイント確認問題

1 形容詞の性質

次の各文の（　）にあてはまる語を答えなさい。

□（1）形容詞は、物事の性質・（　　）を表す単語。

□（2）形容詞は、活用の（①　　）自立語で、単独で（②　　）になる。言い切りの形が「（③　　）」で終わる。

□（3）形容詞の活用には、（　　）形はない。

2 形容詞の識別

次の各文のうち、形容詞が使われているものを二つ選んで、番号で答えなさい。

□（1）愛子さんは白い花を持っています。

□（2）弘人君は毎朝六時に起きます。

□（3）智子さんは手紙をもらいました。

□（4）優（やさ）しい明子さんは、みんなに好かれます。

□（5）浩二君にこの本をあげたい。

（　　　）

答

1

（1）状態

（2）① ある　② 述語　③ い

（3）命令

2

（1）・（4）

基礎問題

▼答え 別冊p.17

1 〈形容詞の識別〉

次の各文から、形容詞を一語ずつそのままの形でぬき出しなさい。 重要

(1) 彼女(かのじょ)の部屋は広い。 [　　　]
(2) 私の一言で、部屋の雰囲気(ふんいき)が悪くなった。 [　　　]
(3) 最近は、円が高いようだ。 [　　　]
(4) 白熊(しろくま)もこの暑さではつらかろう。 [　　　]
(5) 昨日(きのう)はとても楽しい一日でした。 [　　　]
(6) これでよいのか、確かめてみましょう。 [　　　]

2 〈形容詞の活用形〉

次の各文について、——線部の形容詞の活用形を、それぞれ答えなさい。

(1) こんなに①寒ければ、冬ももう②近かろう。 ①[　　　] ②[　　　]
(2) ①涼(すず)しい風が吹(ふ)いていて、たいへん②心地(ここち)よかった。 ①[　　　] ②[　　　]
(3) この本は①おもしろく、値段も②安い。 ①[　　　] ②[　　　]
(4) 毎日、暑うございますね。 [　　　]

3 〈形容詞の活用〉

次の各文の（　）にあてはまるように、形容詞「正しい」を活用させて答えなさい。

(1) きみの答えは（　　　）のに、無視された。
(2) 答えが（　　　）ば、マルをつけましょう。
(3) あなたの答えのほうが（　　　）う。
(4) 答えを（　　　）書きなさい。
(5) （　　　）答えがいつも一つとは限らない。

4 〈形容詞の音便〉

次の各語の形容詞が「ございます」に連なるとき、どのようになるか。それぞれの語に「ございます」を続けて、書き直しなさい。

(1) よい [　　　]
(2) さむい [　　　]
(3) たかい [　　　]
(4) すくない [　　　]
(5) おおきい [　　　]
(6) あたらしい [　　　]

ヒント

1 活用しているものに注意して、形容詞をぬき出していこう。
4 「ございます」などに連なるときは、ウ音便になる。

標準問題

▼答え 別冊 p.18

1 〈形容詞の識別〉

次の文章から、形容詞をすべてそのままの形でぬき出しなさい。

春のアルプスは、まだ真っ白い雪を残し、澄んだ空気の中で、雄大な姿を我々にさらしている。険しく、おごそかで、静のイメージがそこにはある。

[　　　　]

2 〈形容詞の活用形〉

次の各文から、形容詞をぬき出しなさい。また、その活用形も答えなさい。 重要

(1) こんなに美しい景色を見るのははじめてだ。 [　　・　　]

(2) 楽しければ、しばらく滞在しようと思います。 [　　・　　]

(3) 彼女の引退は、たいへん悲しい。 [　　・　　]

(4) その服の色は明るく、派手だ。 [　　・　　]

(5) あの映画は、おもしろかったね。 [　　・　　]

(6) こんなに盛大に祝ってもらって、彼もうれしかろう。 [　　・　　]

(7) なんだかとても眠くなってきた。 [　　・　　]

3 〈まぎらわしい語の識別〉

次の各文について、――線部の語の品詞を、それぞれ答えなさい。

(1) あの①大きな車は、とても②速そうだ。

①[　　] ②[　　]

(2) 山の中腹から①けむりが出て、頂上が②けむたい。

①[　　] ②[　　]

(3) 空が①すっかり晴れて、②冷たい風が③流れている。

①[　　] ②[　　] ③[　　]

⑮ 形容動詞の性質・活用

重要ポイント

① 形容動詞の性質

□ **形容動詞とは**…物事の性質・状態を表す単語。

□ **形容動詞の性質**…自立語で活用があり、単独で述語になる。

□ **言い切りの形**…言い切ると「だ」「です」で終わる。

② 形容動詞の活用

□ **活用形**…「だ」で終わる形容動詞は、未然(みぜん)形・連用形・終止形・連体形・仮定形の五つ。**命令形はない**。「です」で終わる形容動詞は、未然形・連用形・終止形・連体形の四つ。**仮定形と命令形はない**。

□ **活用の種類**…活用のしかたは「だ」と「です」の二種類。連用形は「ーだっ」「ーで」「ーに」「ーでし」の四つがある。

□ **特別な活用の形容動詞**…「こんなだ」「そんなだ」「あんなだ」「どんなだ」には連体形がなく、体言などに連なる場合は語幹を用いる。また、「同じだ」も同様だが、「の」「のに」「ので」に連なる場合のみ、「ーな」となる。

◉「だ」で終わる形容動詞の活用形

① **未然形**…「う」に連なる形。
例 花が**きれいだろ**う。

② **連用形**…「た」「ない」「なる」などに連なる形。
例 花が**きれいだっ**た。 花が**きれいで**ない。
花が**きれいに**なる。

③ **終止形**…言い切る形。**形容動詞の基本形**。
例 花が**きれいだ**。

④ **連体形**…体言やいろいろな付属語に連なる形。
例 花が**きれいな**ときに見に行く。

⑤ **仮定形**…助詞「ば」に連なる形。
例 花が**きれいなら**ばよかったのに。

未然形	連用形	終止形	連体形	仮定形	命令形
ーだろ	ーだっ ーで ーに	ーだ	ーな	ーなら	○
ーでしょ	ーでし	ーです	(ーです)	○	○

重要ポイント確認問題

1 形容動詞の性質

次の各文の（　）にあてはまる語を答えなさい。

□ (1) 形容動詞は、物事の性質・（　　）を表す単語。

□ (2) 形容動詞は、活用の（①　　）自立語で、単独で（②　　）になる。言い切りの形が「（③　　）」または「（④　　）」で終わる。

□ (3) 「だ」で終わる形容動詞の活用には、（①　　）形はない。また、「です」で終わる形容動詞には、（②　　）形と（③　　）形がない。

2 形容動詞の識別

次の各文のうち、形容動詞が使われているものを二つ選んで、番号で答えなさい。

□ (1) 難しい問題はあと回しにしましょう。

□ (2) 夏の軽井沢（かるいざわ）はとてもにぎやかだ。

□ (3) 私は山よりも海に行きたいのです。

□ (4) 早朝の教室には誰（だれ）もいない。

□ (5) 授業中は、積極的に発表しましょう。

（　　　　）

答

1

(1) 状態

(2) ① ある　② 述語　③ だ　④ です（③と④は逆でもよい。）

(3) ① 命令　② 仮定　③ 命令（②と③は逆でもよい。）

2

(2)・(5)

基礎問題

▼答え 別冊p.18

1 〈形容動詞の識別〉

次の各文から、形容動詞を一語ずつそのままの形でぬき出しなさい。 重要

(1) 公園では、桜がきれいに咲いている。 [　　]

(2) 高校に合格するには、何よりも努力が必要だ。 [　　]

(3) 流れが緩やかだったので、安心して渡れた。 [　　]

(4) なだらかな山道を登っていった。 [　　]

(5) 父の言い方は高圧的で、納得できない。 [　　]

(6) 海が穏やかなら、船もゆれないでしょう。 [　　]

(7) この論文のほうが、ずっと専門的だろう。 [　　]

(8) あの青い服はとてもすてきです。 [　　]

2 〈形容動詞の活用形〉

次の各文について、——線部の形容動詞の活用形を、それぞれ答えなさい。

(1) 兄は、いつも①健康で、②陽気だった。 ①[　　] ②[　　]

(2) 彼女の口調は、①急に②情熱的なものへと変わった。 ①[　　] ②[　　]

(3) あなたも、①好きなら②好きだと、はっきり言いなさい。 ①[　　] ②[　　]

(4) あの湖は、①本当ならば、もっと②静かだろう。 ①[　　] ②[　　]

3 〈形容動詞の活用形〉

次の各文から、形容動詞をぬき出しなさい。また、その活用形も答えなさい。

(1) いつまでも元気でお過ごしください。 [　　・　　]

(2) 目標は容易に達成できるだろう。 [　　・　　]

(3) スーパーで、便利な道具を買った。 [　　・　　]

(4) 海がきれいならば、泳ぐのに。 [　　・　　]

ヒント

1 活用しているものに注意して、形容動詞をぬき出していこう。

標準問題

▼答え 別冊 p.18

1

〈形容動詞の識別〉

次の文章から、形容動詞をすべてそのままの形でぬき出しなさい。

山道の途中では、岩の割れ目から流れ出す、清らかでおいしい水を手に取った。ふと気がつくと、小さな花のほのかなかおりが辺りに漂っていた。

［　　　　］

2

〈形容動詞の活用語尾〉

次の各文の（　）にあてはまる、——線部の形容動詞の活用語尾を答えなさい。

(1) 満開の桜が実に見事（　　）。

(2) 彼女は、いつもほがらか（　　）た。

(3) その道を選ぶほうが安全（　　）う。

(4) 近年、展示会がどこでも盛ん（　　）なってきた。

3

〈形容動詞の活用〉

次の各文の（　）に、形容動詞「りっぱだ」を活用させて入れ、その活用形も答えなさい。 重要

(1) 完成したら、きっと（　　）う。　活用形［　　］

(2) 毎日早起きをして（　　）。　活用形［　　］

(3) 老木は、昔は（　　）た。　活用形［　　］

(4) 将来は（　　）人になりたい。　活用形［　　］

(5) こんなに門が（　　）、建物もすばらしいだろう。　活用形［　　］

(6) 仕事は（　　）果たしたい。　活用形［　　］

4

〈特別な活用の形容動詞〉

次の各文の（　）に、下の形容動詞を適当な形に直して書き入れなさい。 差がつく

(1) 今までに（　　）話は聞いたことがない。〔こんなだ〕

(2) あなたは（　　）服を買ったのですか。〔どんなだ〕

(3) 彼女を一人にしておくなんて。（　　）のよくないよ。〔そんなだ〕

(4) 年が（　　）のに、彼のほうが背が高い。〔同じだ〕

(5) ぼくも（　　）場所に行ってみた。〔同じだ〕

⑯ 形容詞・形容動詞の用法

重要ポイント

① 形容詞・形容動詞の働き

□ **述語になる**…単独で、またはいろいろな付属語をともなう。
□ **主語になる**…「の」と「が」「は」「も」などの助詞をともなう。
□ **修飾語(しゅうしょく)になる**…単独で、またはいろいろな付属語をともなう。
□ **接続語になる**…接続助詞をともなう。

② 形容詞の特殊(とくしゅ)な用法

□ **補助形容詞(形式形容詞)**…もとの意味が薄(うす)れ、補助的な役割に使われる。上の文節が「～て(で)」の形になることが多い。
例 ここに本がない。(形容詞)
これは本でない。(補助形容詞)
□ **語幹**…単独で述語になるものや、単独または重複して副詞になるものがある。

③ 形容動詞の特殊な用法

□ **語幹**…単独で述語になるものや、体言(名詞)と考えられるものがある。

◉ **形容詞の語幹の特殊な用法**
① 言い切る形で用いられ、単独で述語になる。
例 おお、**寒**。　ああ、**うれし**。
② 助動詞「そうだ(様態(ようたい))」に連なる。
例 外は**寒**そうだ。　ほんとに**うれし**そうだ。
③ 単独または重複して副詞になる。
例 **はや**出発した。　**軽々と**持ち上げる。

◉ **形容動詞の語幹の特殊な用法**
① 体言(名詞)と考えられるものがある。
例 **健康**が第一の条件だ。
② 言い切る形で用いられ、単独で述語になる。
例 まあ、**すてき**。　さあ、**たいへん**。
③ 助動詞「そうだ(様態)」などに連なる。
例 そこは**静か**そうだ。

重要ポイント確認問題

1 形容詞・形容動詞の働き

次の各文の（　）にあてはまる語を答えなさい。

□ 形容詞・形容動詞には次のような働きがある。
・述語になる。
・「の」「が」などの助詞をともなって（①　　）になる。
・単独で、またはいろいろな付属語をともなって（②　　）になる。
・接続助詞をともなって接続語になる。

2 形容詞・形容動詞の働き

次の各文の――線部の語の品詞とそれぞれの文節の働きを、例にならって答えなさい。

例 母は赤い花を買ってきました。（形容詞・連体修飾語）

□ (1) 隣（となり）の人の声がうるさく感じる。（　　・　　）
□ (2) もし好きなら、持っていっていいよ。（　　・　　）
□ (3) 彼女（かのじょ）の考えはりっぱだ。（　　・　　）
□ (4) その処置は適切で、大事には至らなかった。（　　・　　）
□ (5) 強豪（きょうごう）相手なので、きびしい試合になった。（　　・　　）

答

1
① 主語
② 修飾語

2
(1) 形容詞・連用修飾語
(2) 形容動詞・接続語
(3) 形容動詞・述語
(4) 形容動詞・述語
(5) 形容詞・連体修飾語

基礎問題

▼答え 別冊 p.19

1 〈形容詞・形容動詞の働き〉

次の各文の——線部から自立語をぬき出し、その品詞を答えなさい。また、それぞれの文節の働きを答えなさい。重要

例 大きかった服が、ちょうどよいサイズになった。
［大きかっ・形容詞・連体修飾語］

(1) この物件は駅から遠いし、交通の便もよくない。
［　・　・　］

(2) 試験はできたと思ったので、楽天的だった。
［　・　・　］

(3) 天気がよければ、お花見に行く予定だ。
［　・　・　］

(4) 今日（きょう）はにぎやかな同窓会に出席した。
［　・　・　］

(5) この小説はおもしろそうだ。
［　・　・　］

2 〈補助形容詞〉

次の各文のなかで、補助形容詞（形式形容詞）が用いられている文をすべて選んで、番号で答えなさい。ミス注意

(1) 早く本を返してほしい。
(2) 机の中に入れた教科書がない。
(3) 世界のコインは、すべては手に入らないものだ。
(4) 彼（かれ）が元気でないという話を聞いた。
(5) 子猫（こねこ）は親がいないと育たない。
(6) ここが昔の思い出の場所でないことは確かだ。

［　］

3 〈語幹が同じ形容詞と動詞〉

次の各文の漢字を、例にならって、それぞれ形容詞と動詞の二通りに読みなさい。

例 痛（いた）——痛い（形容詞）・痛む（動詞）

〈形容詞〉　〈動詞〉

(1) 親（した）——［　］・［　］
(2) 苦（くる）——［　］・［　］
(3) 眠（ねむ）——［　］・［　］
(4) 楽（たの）——［　］・［　］
(5) 低（ひく）——［　］・［　］

ヒント

2 上の語を補助する意味で使われる形容詞を補助形容詞（形式形容詞）という。本来の形容詞や助動詞に注意して見分けていこう。

標準問題

▼答え 別冊 p. 19

1 〈形容動詞の語幹と名詞〉

次のア～シのうち、形容動詞の語幹となることができるものをすべて選んで、記号で答えなさい。

ア 風景　イ 情熱　ウ 有利　エ 正当

オ 純情　カ 困難　キ 信念　ク 慎重

ケ 意味　コ 平和　サ 有益　シ 利益

［　　　］

2 〈形容詞の構成〉

次の形容詞の構成を、あとのア～オから選んで、記号で答えなさい。

(1) 用心深い［　］　(2) 油っこい［　］

(3) 古くさい［　］　(4) 書きやすい［　］

(5) ほこりっぽい［　］　(6) ま新しい［　］

(7) 細長い［　］　(8) 見づらい［　］

(9) 子どもらしい［　］　(10) 心細い［　］

ア「名詞＋形容詞」でできた形容詞

イ「動詞＋形容詞」でできた形容詞

ウ「形容詞の語幹＋形容詞」でできた形容詞

エ 接頭語がついてできた形容詞

オ 接尾語（せつび）がついてできた形容詞

3 〈「ない」の識別〉

次の例文の――線部「ない」と同じ性質のものを、あとのア～エから選んで、記号で答えなさい。 重要

例 その答えも悪くない。

ア 机の上がきたない。

イ 少しの欠点もない。

ウ 私はその本を読んでない。

エ 私はその本を読まない。

［　　　］

4 〈「で」の識別〉

次の各文の――線部について、形容動詞の一部ならば○をつけ、そうでないものには×をつけなさい。

(1) これは本ではない。［　］

(2) この魚は、新鮮（しんせん）ではない。［　］

(3) 知識があり、魅力（みりょく）的であり、人気があった。［　］

実力アップ問題

◎制限時間30分　◎合格点70点　▼答え　別冊p.20

点

1 次の各文の（　）に、〔　〕の形容詞・形容動詞を適当な形に活用させて書き入れなさい。また、その活用形を答えなさい。〈5点×8〉

(1)（　　）家が取り壊された。〔古い〕　活用形［　　］

(2)（　　）車が、駐車場に止まっている。〔きれいだ〕　活用形［　　］

(3) 昔は、このビルも（　　）た。〔新しい〕　活用形［　　］

(4)（　　）ば、ぼくも参加するよ。〔近い〕　活用形［　　］

(5) 彼女は（　　）、性格も明るい。〔元気だ〕　活用形［　　］

(6) 思ったよりもこの本は（　　）なかった。〔おもしろい〕　活用形［　　］

(7)（　　）ない計画は、見直した方がよい。〔現実的だ〕　活用形［　　］

(8) 調子が（　　）悪くなってきた。〔急だ〕　活用形［　　］

2 次の各文の――線部の語について、補助形容詞であるものをすべて選んで、番号で答えなさい。〈6点〉

(1) 今日の夕食は、全部食べてほしい。

(2) かばんのなかに入れた定期券がない。

(3) これが正解であることは確かだ。

(4) 手に入りにくいものであれば、なおさら欲しくなる。

(5) 十分水をやらないと、木は育たない。

(6) いつも元気でないとだめだ。

［　　］

3 次の各組の文について、――線部が形容動詞であるほうに○をつけなさい。〈4点×3〉

(1) ① 彼女はとても陽気だ。［　］
② 朝からとてもよい天気だ。［　］

(2) ① 機械が常に正確であるとは限らない。［　］
② 彼が持っているのは辞書である。［　］

(3) ① 少しずつ暖かになってきた。［　］
② 少しずつ暖かくなってきた。［　］

4 次の各組の文の――線部の語について、それぞれ品詞を答えなさい。〈3点×10〉

(1) ① わずかなことでも見落とすな。［　　］
② おかしなことを見落とすな。［　　］

(2) ① 小さなことからこつこつやっていこう。［　　］
② 小さいことからこつこつやっていこう。［　　］

(3) ① 電車は静かに駅を出発した。［　　］
② 電車はすでに出発したあとだ。［　　］

(4) ① 音楽会は実に楽しかった。［　　］
② 音楽会は急に中止になった。［　　］

(5) ① 彼は大きな荷物を軽々と持ち上げた。［　　］
② 彼は大きな荷物を軽く持ち上げた。［　　］

5 次の文章を読んで、あとの問いに答えなさい。

洪作(こうさく)は、自分という人間がいやだと思う自己倦厭(けんえん)の感情を、初めてこの事件によって知ったのであった。残酷(ざんこく)さに鈍感(どんかん)だったことを、あき子によって指摘(してき)されたこともいやだったし、また一方でそうしたあき子に反発するものを感じながら、いたずらに相手に遠慮(えんりょ)していかなる行動にも出られなかった自分もいやだった。幸夫(ゆきお)のほうがよほど男らしい毅然(きぜん)としたところがあって立派だったと思った。

（井上靖(いのうえやすし)『しろばんば』より。本文を改めたところがある。）

問一 文章中から形容詞を一語ぬき出し、その活用形を答えなさい。〈4点〉
［　　・　　］

問二 文章中にはいくつかの形容動詞が使われているが、そのうちで一番多く使われている活用形を答えなさい。〈4点〉
［　　］

問三 文章中から、形容動詞の語幹に接尾語(せつび)がついて名詞になっているものを、ぬき出しなさい。〈4点〉
［　　］

⑰ 助動詞の性質・分類

重要ポイント

① 助動詞の性質

□ **助動詞とは**…用言・体言などに意味をそえる単語。

□ **助動詞の性質**…付属語で活用がある。

② 助動詞の分類

□ **意味による分類**…そえる意味によって分類する。

受け身・可能・自発・尊敬・使役・丁寧・希望・打ち消し・断定・過去・完了・推量・意志・たとえ・例示・推定・伝聞・様態など、いろいろな意味を分けもつ。

□ **活用による分類**…活用によって分類する。

動詞型活用・形容詞型活用・形容動詞型活用・特殊型活用・無変化型（語形変化のないもの）がある。

□ **接続による分類**…接続によって分類する。

活用語の未然形・連用形・終止形・連体形に接続するもの、いろいろな品詞に接続するものがある。

◉ **意味による分類**

意味	助動詞	意味	助動詞
受け身・可能 自発・尊敬	れる られる	過去・完了 存続・確認（想起）	た（だ）
使役	せる させる	様態・伝聞	そうだ そうです
打ち消し	ない ぬ（ん）	たとえ・推定 例示	ようだ ようです
推量・意志	う／よう	推定	らしい
打ち消しの推量 打ち消しの意志	まい	断定	だ
希望	たい たがる	丁寧な断定	です
丁寧	ます		

◉ **助動詞の三要素**

助動詞は、意味・活用・接続の三つをしっかりおさえておこう。

重要ポイント確認問題

1 助動詞の性質

次の各文の（　）にあてはまる語を答えなさい。

□(1) 助動詞は、（①　　）語で活用が（②　　）。

□(2) 助動詞には、（①　　）を表す「せる」「させる」や（②　　）を表す「ない」「ぬ（ん）」などがある。

□(3) 助動詞には、受け身・（　　）・自発・尊敬を表す「れる」「られる」のように、二つ以上の意味をもつものもある。

2 助動詞の識別

次の各文から、助動詞を一つずつぬき出して答えなさい。なお、助動詞が使われていない場合は、×をつけなさい。

□(1) 生徒たちに机を運ばせる。（　　）

□(2) 来年の入試はぜひ合格したい。（　　）

□(3) このめがねでは遠くがよく見えない。（　　）

□(4) 水面が、まるで鏡のようだ。（　　）

□(5) 今日（きょう）の入場者は、いつもより少ない。（　　）

1

(1) ① 付属　② ある

(2) ① 使役　② 打ち消し

(3) 可能

2

(1) せる

(2) たい

(3) ない

(4) ようだ

(5) ×

▼答え　別冊 p.21

1 〈助動詞の意味〉

次の各文について、――線部の助動詞の意味を、それぞれあとのア～オから選んで、記号で答えなさい。 重要

(1) その映画は、ぼくも見たいと思う。［　　］
(2) 彼はスポーツが好きらしい。［　　］
(3) 会議はまだ終わらないだろう。［　　］
(4) 妹を町まで買い物に行かせる。［　　］
(5) これはぼくが欲しかった万年筆だ。［　　］

ア 打ち消し　イ 希望　ウ 断定
エ 推定　オ 使役

2 〈助動詞の識別〉

次の各文から、助動詞をそのままの形でぬき出しなさい。

(1) 一度、アメリカへ行ってみたい。［　　］
(2) 英語は、誰でも覚えられる。［　　］
(3) 今年の台風は上陸するらしい。［　　］
(4) 夏休みになったら旅行しよう。［　　］
(5) まだ、講演は始まらないね。［　　］
(6) 私は、もうすぐ高校生だ。［　　］
(7) どうやら雨が降りそうだ。［　　］

3 〈助動詞の補充〉

次の各文の（　）にあてはまる助動詞を、それぞれあとのア～クから選んで、記号で答えなさい。

(1) みんな静かで、まるで借りてきた猫の（　）。
(2) 休みになったら、本をたくさん読み（　）なあ。
(3) 子どもの発育には、牛乳を飲ま（　）といい。
(4) 私だったら、そんなことは絶対にし（　）わ。
(5) 先生が話さ（　）ことは、とても大切よ。

(1)［　　］　(2)［　　］　(3)［　　］　(4)［　　］
(5)［　　］

ア れる　イ せる　ウ そうだ　エ らしい
オ たい　カ ない　キ させる　ク ようだ

ヒント

1 まずは、助動詞の基本形と意味を確実に覚えよう。助動詞の意味は、助動詞を除いた文と比べて考えてみよう。

標準問題

▼答え　別冊 p.21

1 〈助動詞の基本形〉

次の各文の——線部の助動詞の基本形を、それぞれ答えなさい。 重要

(1) お菓子（かし）を子どもたちに食べさせてください。［　　］
(2) 今日（きょう）は、雨が降るとはまったく思わなかった。［　　］
(3) よろしければ、あなたも映画を見に行かれますか。［　　］
(4) お水が飲みたければ、好きなだけ飲みなさい。［　　］
(5) さあ、車に乗って海へ出かけましょう。［　　］

2 〈助動詞の活用形〉

次の各文について、——線部の助動詞の活用形を答えなさい。 ミス注意

(1) 雨が降りそうな気配だ。［　　］
(2) もっと話していたかった。［　　］
(3) 鉄棒（てつぼう）ができるようになった。［　　］
(4) 危ないことはやめさせろ。［　　］
(5) 君がいなければ、この世は闇（やみ）だ。［　　］
(6) お客様は、もう帰られた。［　　］

3 〈助動詞の接続〉

次の各文の（　）に、動詞「読む」を適当な形に活用させて書き入れ、その活用形を答えなさい。

(1) それは五年前に（　　）だ本だ。　活用形［　　］
(2) 今夜は、もう本を（　　）ないでおこう。　活用形［　　］
(3) 先生もマンガを（　　）らしい。　活用形［　　］
(4) 私は、毎月五冊は図書館の本を（　　）ます。　活用形［　　］
(5) 鈴木君に教科書を（　　）せる。　活用形［　　］
(6) ここにある本をすべて（　　）たい。　活用形［　　］

18 助動詞の種類①

重要ポイント

① 助動詞の種類①

□ **れる・られる**

意味…**受け身**（ほかから動作を受ける意味）
可能（「～できる」という意味）
自発（動作が自然におこる意味）
尊敬（動作を敬って言う意味）

接続…おもに動詞の未然形につく。

□ **せる・させる**

意味…**使役**（ほかに動作をさせる意味）

接続…動詞の未然形につく。

□ **ない・ぬ（ん）**

意味…**打ち消し**

接続…動詞および助動詞（動詞型活用・一部の特殊型活用）の未然形につく。

テストではココがねらわれる

◉ **各助動詞の活用**

基本形	未然形	連用形	終止形	連体形	仮定形	命令形
れる	れ	れ	れる	れる	れれ	れろ れよ
られる	られ	られ	られる	られる	られれ	られろ られよ
せる	せ	せ	せる	せる	せれ	せろ せよ
させる	させ	させ	させる	させる	させれ	させろ させよ
ない	なかろ	なかっ なく	ない	ない	なけれ	○
ぬ（ん）	○	ず	ぬ（ん）	ぬ（ん）	ね	○

◉ **可能の「れる」と可能動詞**

五段活用の動詞に「れる」がつく形はあまり使われず、可能動詞を用いることが多い。

例 早く　行か**れる**。**（可能の助動詞「れる」）**
→早く　**行ける**。**（可能動詞「行ける」）**

重要ポイント確認問題

1 助動詞の意味

次の各文の（　）にあてはまる語を答えなさい。

□(1) 助動詞「れる」「られる」には受け身・（　　）・（　　）・（　　）の四つの意味がある。

□(2) 助動詞「せる」「させる」には（　　）の意味がある。

□(3) 助動詞「ない」「ぬ（ん）」には（　　）の意味がある。

2 れる・られるの意味

次の各文の「れる」「られる」の意味を、それぞれあとのア〜エから選んで、記号で答えなさい。

□(1) 母のことが案じられる。（　　）

□(2) 来賓（らいひん）の方が話された。（　　）

□(3) みんなに追い越（こ）される。（　　）

□(4) ボールが投げられない。（　　）

ア 受け身　イ 可能　ウ 自発　エ 尊敬

答

1

(1) 可能／自発／尊敬（順番は異なっていてもよい。）

(2) 使役

(3) 打ち消し

2

(1) ウ

(2) エ

(3) ア

(4) イ

基礎問題

▼答え　別冊p.21

1 〈「れる」「られる」の識別・意味〉

次の各文の――線部が助動詞であれば、その助動詞の表す意味を答え、助動詞でなければ×をつけなさい。 ミス注意

(1) 入学式は、十時から行われる。〔　〕

(2) 先生は、すこし前に出られました。〔　〕

(3) 遊びに夢中になって、宿題を忘れる。〔　〕

(4) それが真実だとは、とても信じられない。〔　〕

(5) 吹く風に秋の気配が感じられる。〔　〕

(6) 子どもが、サッカー選手にあこがれる。〔　〕

2 〈「せる」「させる」の活用〉

次の各文の（　）に、助動詞「せる」「させる」を適当な形に活用させて書き入れなさい。

(1) お子さんにテストを受け（　）ましょう。

(2) 姉は子どもを遊ば（　）ています。

(3) すぐに来（　）ば、まだ間に合う。

(4) 説明はくわしく書か（　）ようにしたい。

(5) 「各人にごみを捨て（　）。」と命令した。

3 〈「ない」の識別〉

次の各文の――線部のうち、助動詞であるものには○を、そうでないものには×をつけなさい。 重要

(1) 彼はまだ来ない。〔　〕

(2) 暑さはそれほどひどくない。〔　〕

(3) 今年は雨が少ない。〔　〕

(4) 絶対に、約束は破らない。〔　〕

(5) あのドラマはそれほどおもしろくない。〔　〕

ヒント

1 助動詞「れる」は、ラ行下一段活用動詞の活用語尾とまぎらわしいので気をつけよう。特に、可能動詞には「～できる」という、助動詞と同じ可能の意味が含まれているので、注意が必要である。

3 「ない」には、助動詞のほかに形容詞の「ない」がある。直前の活用形に注意して見分けよう。未然形なら助動詞、連用形なら形容詞である。また、「ぬ」に置きかえてみて、意味が通じれば助動詞である。

標準問題

▼答え 別冊 p.22

1

〈「れる」「られる」の識別〉

次の各文で、助動詞「れる」が使われているものにはA、「られる」が使われているものにはB、どちらも使われていないものにはCで答えなさい。 ミス注意

(1) 桜の枝が折れてしまった。［　　］

(2) 桜の枝が折られてしまった。［　　］

(3) 彼女(かのじょ)の胸のうちが察せられます。［　　］

(4) 私もそれほど長くは待っていられない。［　　］

(5) 空がきれいに晴れています。［　　］

(6) 今朝(けさ)は六時に起きられた。［　　］

(7) 頂上まで二時間で登れそうだ。［　　］

2

〈「ぬ(ん)」の識別〉

次の各文から助動詞「ぬ(ん)」をそのままの形でぬき出し、その活用形を答えなさい。

(1) 朝食を食べずに出かけた。［　　・　　］

(2) 今日(きょう)中に仕上げねばならない。［　　・　　］

(3) 早く起きなければなりません。［　　・　　］

3

〈「ない」の識別〉

次の各文の――線部の「ない」は、それぞれあとのア～ウのどれにあたるか。記号で答えなさい。 重要

(1) 私は東京へは行かないつもりだ。［　　］

(2) 彼(かれ)には東京へ行く気はないようだ。［　　］

(3) 東京へ行ったってつまらないと思うよ。［　　］

(4) 父はさりげないふりをしている。［　　］

(5) 彼はこの意見に賛成していない様子だ。［　　］

(6) 弟はおもしろくない様子だ。［　　］

ア 助動詞　イ 形容詞　ウ 形容詞の一部

4

〈「れる」「られる」の意味・活用〉

次の各文について、助動詞「れる」「られる」に――線をつけ、それぞれの意味と活用形を答えなさい。

(1) 先生は、もう帰られたでしょうか。［　　・　　］

(2) いたずらをして、母に叱(しか)られた。［　　・　　］

(3) 子どものころが、思い出される。［　　・　　］

(4) もう、これ以上は食べられないよ。［　　・　　］

⑲助動詞の種類②

重要ポイント

①助動詞の種類②

□**う・よう**
意味…推量・意志
接続…用言と一部の助動詞の未然(みぜん)形につく。

□**まい**
意味…打ち消しの推量・打ち消しの意志
接続…動詞と一部の助動詞につく。（下段参照）

□**たい・たがる**
意味…希望
接続…動詞と助動詞（動詞型活用）の連用形につく。

□**ます**
意味…丁寧(ていねい)
接続…動詞と助動詞（動詞型活用）の連用形につく。

□**た（だ）**
意味…過去・完了・存続・確認(かくにん)（想起）
接続…用言と大部分の助動詞の連用形につく。

テストではココがねらわれる

◉各助動詞の活用

基本形	未然形	連用形	終止形	連体形	仮定形	命令形
う	○	○	う	（う）	○	○
よう	○	○	よう	（よう）	○	○
まい	○	○	まい	（まい）	○	○
たい	たかろ	たかっ たく	たい	たい	たけれ	○
たがる	たがら たがろ	たがり たがっ	たがる	たがる	たがれ	○
ます	ませ ましょ	まし	ます	ます	ますれ	ませ まし
た（だ）	たろ （だろ）	○	た （だ）	た （だ）	たら （だら）	○

◉「まい」の接続

・五段活用動詞の終止形、それ以外の動詞の未然形
ただし、五段以外でも終止形につく場合がある。
・助動詞「せる・させる」「れる・られる」の未然形
・助動詞「たがる」「ます」の終止形

重要ポイント確認問題

1 助動詞の意味

次の各文の（　）にあてはまる語を答えなさい。

□(1) 助動詞「う」「よう」には（　　　）と意志の意味がある。
□(2) 助動詞「まい」には打ち消しの推量と（　　　）の意味がある。
□(3) 助動詞「た(だ)」には過去・（　　　）・（　　　）・確認(かくにん)(想起)の意味がある。

2 助動詞の意味

次の各文について、――線部の助動詞の意味を、あとのア～オから選んで、記号で答えなさい。

□(1) 早くスキーに行きたい。（　　　）
□(2) 私の弟は、去年まで小学生だった。（　　　）
□(3) 定刻までには必ず行くようにします。（　　　）
□(4) 彼(かれ)のけがは、たいしたことはあるまい。（　　　）
□(5) 先生にお手紙を書こう。（　　　）

ア 打ち消しの推量　**イ** 丁寧　**ウ** 希望　**エ** 意志　**オ** 過去

1
(1) 推量
(2) 打ち消しの意志
(3) 完了／存続
（順番は異なっていてもよい。）

2
(1) ウ
(2) オ
(3) イ
(4) ア
(5) エ

基礎問題

▼答え 別冊 p.22

1 〈「う」「よう」の意味〉

次の各文の「う」「よう」の意味を、あとのア・イから選んで、記号で答えなさい。

(1) 明日は五時に出発しよう。　[　　]

(2) どんなに苦しかろうと、ぼくはがんばるぞ。　[　　]

(3) このことについては、彼も許してくれよう。　[　　]

(4) 私は、本をたくさん読もうと決心した。　[　　]

ア 推量　イ 意志

2 〈「た(だ)」の意味〉

次の各文の「た(だ)」の意味を、あとのア〜エから選んで、記号で答えなさい。 重要

(1) 仕事が今終わったところだ。　[　　]

(2) 父は、昨日、アメリカへ旅立った。　[　　]

(3) 白くぬった壁が、夕日に映えている。　[　　]

(4) この本は、三年前に読んだ。　[　　]

(5) そうだ、今日は小学校の同窓会だった。　[　　]

(6) あの日は、朝からむし暑かった。　[　　]

(7) 明日の予習が、ようやくすんだ。　[　　]

(8) 確か、あの角の家だったね。　[　　]

ア 過去　イ 完了　ウ 存続　エ 確認(想起)

3 〈助動詞の補充〉

次の各文の(　)にあてはまる助動詞を、それぞれあとのア〜キから選んで、記号で答えなさい。

(1) 明日、雨は降る(　)。

(2) 春になると、美しい花が咲き(　)。

(3) 今、昼食を食べ(　)ばかりです。

(4) これからはもっと早く来(　)と思います。

(5) 来年もう一度来(　)なあ。

(6) 彼がエベレストに登り(　)のは、いつものことだ。

(1)[　　]　(2)[　　]　(3)[　　]　(4)[　　]

(5)[　　]　(6)[　　]

ア よう　イ たい　ウ う　エ た　オ ます

カ まい　キ たがる

ヒント

2 「た」の意味を見分けられるようにしておこう。特に、「〜ている(てある)」と言いかえられる、存続の「た」には要注意。

標準問題

▼答え 別冊 p.22

1 〈助動詞の識別〉

次の各文から、助動詞を一つずつぬき出して答えなさい。なお、助動詞が使われていない場合は、×をつけなさい。

(1) 名前を呼びますから、返事をしなさい。 [　　]
(2) 彼(かれ)のかいた絵はとてもすてきだ。 [　　]
(3) 寒さが厳しかろうから、体には気をつけてください。 [　　]
(4) 君の答えは、すべて正しい。 [　　]

2 〈助動詞の活用形〉

次の各文について、――線部の助動詞の活用形を答えなさい。

(1) こんな失敗は二度とするまいと思った。 [　　]
(2) その仕事が終わったら、帰っていいぞ。 [　　]
(3) どなたさまも、出口へお急ぎくださいませ。 [　　]
(4) さあ、みんなでいっしょに考えよう。 [　　]
(5) 彼の顔なんかもう見たくない。 [　　]

3 〈助動詞の意味〉

次の各文について、――線部の助動詞の意味を答えなさい。 ミス注意

(1) はじめて経験する時は、誰(だれ)でも心配だろう。 [　　]
(2) 今は冬だから、台風が来ることはあるまい。 [　　]
(3) この部分については、ようやく調べ終わった。 [　　]
(4) あんな過(あやま)ちは、二度と繰(く)り返すまい。 [　　]
(5) 近いうちに、合格通知が送られてこよう。 [　　]
(6) これからは真剣(しんけん)に勉強しようと思う。 [　　]
(7) 大人になったら、あんな家に住みたい。 [　　]
(8) これからスーパーへ、買い物に出かけます。 [　　]
(9) 京都へは、二度ほど行ったことがある。 [　　]
(10) うちの猫(ねこ)は、甘(あま)いものを食べたがる。 [　　]

20 助動詞の種類③

重要ポイント

① 助動詞の種類③

□ **そうだ・そうです**

意味…様態(ようたい)・伝聞(でんぶん)

接続…様態の場合は、動詞の連用形や形容詞・形容動詞の語幹などに、伝聞の場合は、用言などの終止形につく。

□ **ようだ・ようです**

意味…たとえ・推定・例示

接続…用言や一部の助動詞の連体形などにつく。

□ **らしい**

意味…推定

接続…動詞・形容詞や一部の助動詞の終止形などにつく。

□ **だ**

意味…断定

接続…体言や一部の助詞などにつく。

□ **です**

意味…丁寧(ていねい)な断定

接続…体言や一部の助詞などにつく。

◉ **各助動詞の活用**

「そうだ(そうです)」は、意味によって活用や接続が違(ちが)うので気をつける。

基本形	未然形	連用形	終止形	連体形	仮定形	命令形
(様態)そうだ	そうだろ	そうだっ そうで そうに	そうだ	そうな	そうなら	○
そうです	そうでしょ	そうでし	そうです	(そうです)	○	○
(伝聞)そうだ	○	そうで	そうだ	○	○	○
そうです	○	そうでし	そうです	(そうです)	○	○
ようだ	ようだろ	ようだっ ようで ように	ようだ	ような	ようなら	○
ようです	ようでしょ	ようでし	ようです	(ようです)	○	○
らしい	○	らしかっ らしく	らしい	らしい	らしけれ	○
だ	だろ	だっ で	だ	(な)	なら	○
です	でしょ	でし	です	(です)	○	○

重要ポイント確認問題

1 助動詞の意味

次の各文の（　）にあてはまる語を答えなさい。

□(1) 助動詞「そうだ」には（　　　）と伝聞の意味がある。

□(2) 助動詞「ようだ」にはたとえ・（　　　）・（　　　）の意味がある。

2 「だ」の識別

次の各文の「だ」の意味・用法を、それぞれあとのア～ウから選んで、記号で答えなさい。

□(1) あの人は先生だ。（　）

□(2) 外は非常に静かだ。（　）

□(3) 転んだ場所が悪かった。（　）

□(4) 世の中は平和だ。（　）

□(5) 私は室内で服を脱いだ。（　）

□(6) この色がいちばん美しいのだ。（　）

ア 断定の助動詞　イ 過去の助動詞　ウ 形容動詞の活用語尾

答

1

(1) 様態

(2) 推定／例示（順番は異なっていてもよい。）

2

(1) ア　(2) ウ　(3) イ　(4) ウ　(5) イ　(6) ア

1 〈「そうだ」の意味〉

次の各文の「そうだ」は、A様態、B伝聞のどちらの意味で用いられているか。記号で答えなさい。重要

(1) このお菓子（かし）は甘（あま）そうだ。　[　　]
(2) このお菓子は甘いそうだ。　[　　]
(3) 祖父は八十歳（さい）だが、丈夫（じょうぶ）そうだ。　[　　]
(4) 琵琶湖（びわこ）は、日本一大きいそうだ。　[　　]
(5) 今夜は雨が降るそうだ。　[　　]
(6) 明日（あす）あたり雪になりそうだ。　[　　]
(7) 親には話したくないそうだ。　[　　]
(8) 写真は、夕方までにできあがるそうだ。　[　　]

2 〈「ようだ」の意味〉

次の各文の「ようだ」の意味を、あとのア〜ウから選んで、記号で答えなさい。

(1) 銀杏（いちょう）の葉は、小鳥のような形をしている。　[　　]
(2) 家の外に、誰（だれ）かいるようだ。　[　　]
(3) 私は、エジソンのような科学者になりたい。　[　　]
(4) このような話が通るはずもない。　[　　]
(5) あの人の話は確かなようだ。　[　　]

ア たとえ　イ 例示　ウ 推定

3 〈「らしい」の識別〉

次の例文の――線部「らしい」と同じ性質のものを、あとのア〜オから選んで、記号で答えなさい。ミス注意

例 向こうで手を振（ふ）っているのは高校生らしい。

ア とても愛らしい女の赤ちゃんですね。
イ 母の形見らしいペンを大切にしている。
ウ 負けてもスポーツマンらしい態度で臨（のぞ）む。
エ 実力らしい実力をまだ出していない。
オ わざとらしいうそはつかないほうがよい。

[　　]

ヒント

1 動詞の連用形、形容詞・形容動詞の語幹に接続するのが様態の「そうだ」、活用語の終止形に接続するのが伝聞の「そうだ」である。

3 「らしい」には推定の助動詞の「らしい」と形容詞をつくる接尾語（せつび）の「らしい」がある。「らしい」の上に「である」が入れば助動詞である。また、「新しい」「珍（めずら）しい」などの形容詞にも注意しておこう。

標準問題

▼答え 別冊p.23

1

〈「そうだ」の用法〉

次の各語に、助動詞「そうだ」をつけて、「様態」「伝聞」のそれぞれの意味になるように書き直しなさい。

〈様態〉 〈伝聞〉

(1) 楽しめる [ ]・[ ]

(2) する [ ]・[ ]

(3) 暖まる [ ]・[ ]

(4) やわらかい [ ]・[ ]

(5) じょうぶだ [ ]・[ ]

2

〈「だ」の識別〉

次の各文について、断定の助動詞「だ」があれば――線をつけて、その活用形を答えなさい。なければ×をつけなさい。 差がつく

(1) 来春には、花が咲(さ)くだろう。 [ ]

(2) 私が帰宅した時、母は留守(るす)だった。 [ ]

(3) 図書館の中は、とても静かだ。 [ ]

(4) 学校は、明日(あす)休みである。 [ ]

(5) 彼(かれ)は、練習に来られないそうだ。 [ ]

(6) 食べるなら、早く食べなさい。 [ ]

(7) 日曜なのに、人出が少ない。 [ ]

(8) 彼は作家で、評論家です。 [ ]

(9) 昔、この川で泳いだ。 [ ]

(10) あれが、有名な富士山だ。 [ ]

3

〈丁寧(ていねい)の表現〉

次の各文の――線部の言い方を、丁寧な言い方に直しなさい。

(1) 今日(きょう)の天気は晴れだ。 [ ]

(2) 妹は、公園に行くだろう。 [ ]

(3) 彼に説明させよう。 [ ]

(4) 甘いものをあまり食べない。 [ ]

21 助動詞の接続

重要ポイント

①助動詞の接続

□助動詞は、それぞれ活用語のどの活用形に接続するかが決まっている。
これまでに学んだ助動詞の接続について下段にまとめる。

②助動詞と同様の働きをすることば

□**二つ以上の単語のまとまり**…一語の助動詞ではないが、二つ以上の単語がまとまって、一語の助動詞と同じような働きをするものがある。

例 彼（かれ）は喜ぼ**う**。（推量）
助動詞

→彼は喜ぶ**だろ　う**。（推量）
助動詞　助動詞

彼は喜ぶ**か　も　しれ　ない**。（不確かな推量）
助詞　助詞　動詞　助動詞

□**補助用言**…補助動詞と補助形容詞は、助動詞と同じような働きをする。

◉助動詞の接続

接続	助動詞
活用語の未然形に接続する	れる・られる・せる・させる・ない・ぬ（ん）・う・よう・まい
活用語の連用形に接続する	たい・たがる・ます・た（だ）・そうだ／そうです（様態）
活用語の終止形に接続する	そうだ／そうです（伝聞）・まい・らしい
活用語の連体形に接続する	ようだ／ようです
いろいろな品詞に接続する	らしい・だ・です・ようだ／ようです

重要ポイント確認問題

1 助動詞の接続

次の各文の（　）にあてはまる語を答えなさい。

□(1) 助動詞はそれぞれ活用語のどの活用形に（　　）するかが決まっている。

□(2)「れる」「られる」「ない」などは、活用語の（　　）形に接続する。

□(3)「たい」「たがる」「ます」などは、活用語の（　　）形に接続する。

□(4)「そうだ／そうです」は、様態の意味のときは活用語の（①　　）形に接続し、伝聞の意味のときは活用語の（②　　）形に接続する。

2 助動詞の接続

次の各文の（　）にあてはまるように、下の用言を活用させなさい。

□(1) 私は先生と（　　）たい。（話す）

□(2) 母の話では、来週いとこが遊びに（　　）そうだ。（来る）

□(3) 年内にこの本を読んでしまうのは、（　　）ようだ。（難しい）

□(4) 明日（あす）こそもっと早く（　　）よう。（起きる）

□(5) 隣（となり）の教室はとても（　　）らしい。（きれいだ）

答

1

(1) 接続
(2) 未然
(3) 連用
(4) ① 連用　② 終止

2

(1) 話し
(2) 来る
(3) 難しい
(4) 起き
(5) きれい

基礎問題

▼答え 別冊 p. 24

1 〈助動詞の接続〉

次の(1)〜(7)の動詞に、下の助動詞をその順番で続けた言い方を、それぞれ答えなさい。

(1) 書く（せる・ない） 〔　　〕
(2) 投げる（られる・まい） 〔　　〕
(3) 行く（だ・う） 〔　　〕
(4) 泳ぐ（たい・ようだ） 〔　　〕
(5) 降る（ます・まい） 〔　　〕
(6) 発生する（ない・です・う） 〔　　〕
(7) 飛び上がる（ます・ぬ・です・た） 〔　　〕

2 〈「まい」の接続〉

次の各文の□に入るひらがなを答えなさい。なお、□一つには、ひらがな一字が入る。

(1) 同じ失敗を繰り返□まい。 〔　　〕
(2) いつも柳の下にドジョウがいるとは限□まい。 〔　　〕
(3) あの時のつらさは決して忘□まい。 〔　　〕
(4) こんなに遅くなって来ることはあ□まい。 〔　　〕
(5) ぼくは、二度と海へは行□まい。 〔　　〕
(6) 寝るのが遅かったので、なかなか起□まい。 〔　　〕
(7) できもしないことは言□まい。 〔　　〕

3 〈同じ意味の助動詞〉

次の各文の――線部を、一語の助動詞を用いて、意味が変わらないように、書き直しなさい。 重要

(1) 森の中はきっと静か<u>であろう</u>。 〔　　〕
(2) 彼は、まさか<u>遅れないだろう</u>。 〔　　〕
(3) 明日は雨が<u>降ると聞いた</u>。 〔　　〕

ヒント

1 助動詞どうしも、接続する順番や活用形が決まっている。直接問われることは少ないが、ふだんからきちんと助動詞を使いこなせるようになっておこう。

2 助動詞「まい」は、五段活用動詞の終止形とそれ以外の未然形に接続する。異なる活用形の語に接続するので注意が必要である。ただし、「起きるまい」「来るまい」のように五段活用以外の語でも終止形に接続することもある。

標準問題

▼答え 別冊p.24

1 〈同じ意味の助動詞〉

次の各文の——線部の意味が同じものを二組選んで、番号で答えなさい。

(1) 私は、二度と泣くまいと心に誓(ちか)いました。

(2) 仕事は、予定より早く終わるでしょう。

(3) この恩は、一生忘れないだろう。

(4) 風も、これ以上は強くはなるまい。

(5) 遅刻(ちこく)はしないようにしよう、とみんなで約束した。

(6) けがをしないように気をつけよう。

[　・　][　・　]

2 〈助動詞の接続〉

次の各文の——線部について、（　）内に示した意味の助動詞を加えて、書き直しなさい。 差がつく

(1) あれが探していた猫(ねこ)です。（推量）

[　　　]

(2) アルプス山脈は美しい。（断定・推量）

[　　　]

(3) もう少し早く起きれば、遅刻をしなかったのに。（過去・断定）

[　　　]

(4) 社長は工場視察に行く。（尊敬・過去・伝聞）

[　　　]

(5) 今度の試合を家族も見に来る。（希望・過去・丁寧な断定・推量）

[　　　]

(6) 彼女(かのじょ)は海外留学に行く。（打ち消し・伝聞）

[　　　]

(7) 私は何回も荷物を運んだので、とても疲(つか)れました。（使役・受け身）

[　　　]

3 〈助動詞の意味・活用形〉

次の各文から助動詞をぬき出しなさい。また、例にならってその意味、活用形を答えなさい。なお、（　）内の数字は文中にある助動詞の数を示している。 ミス注意

例 泳ぎましょう。

[ましょ・丁寧・未然形][う・意志・終止形]

(1) 弟は、眠(ねむ)たそうな目をしていた。（2）

[　・　・　]

[　・　・　]

(2) 明日(あす)の式典には、市長も来られるだろう。（3）

[　・　・　]

[　・　・　]

[　・　・　]

実力アップ問題

◎制限時間30分　◎合格点70点　▼答え　別冊p.25

点

1 次の各文の――線部の助動詞の意味を、あとのア～スから選んで、記号で答えなさい。〈2点×10〉

(1) 急げば間に合うだろう。
(2) 鉄鋼はアメリカへも輸出される。
(3) 寒さが身にしみます。
(4) この本はあまりおもしろくなかった。
(5) もっと上手だとよかったのですが。
(6) 来週は、みんなでバーベキューをしよう。
(7) 期限の切れないうちに申しこむ。
(8) 波も静かで、よい船旅だ。
(9) みんな知っているようだ。
(10) もし雨なら中止したい。

〈語群〉
ア 受け身　**イ** 過去　**ウ** 希望　**エ** 様態
オ 可能　**カ** 意志　**キ** 打ち消し　**ク** 断定
ケ 打ち消しの推量　**コ** 推定　**サ** 丁寧(ていねい)
シ 丁寧な断定　**ス** 推量

2 次の各文の「そうだ」が助動詞であれば、A様態か、B伝聞かを記号で答え、助動詞でなければ×をつけなさい。〈2点×5〉

(1) こんなことをしたら、しかられそうだ。
(2) 東京は、昨日(きのう)雨だったそうだ。
(3) 彼(かれ)はもう元気だそうで、安心した。
(4) そうだ、あの本に載(の)っているかもしれない。
(5) この色のほうがよさそうだ。

3 次の各文の――線部の助動詞「た」は、A過去、B完了、C存続、D確認(かくにん)(想起)のうちのどの意味か、記号で答えなさい。〈2点×7〉

(1) 今年の夏は楽しかった。
(2) 宿題が終わったら、遊びに行こう。
(3) やっと絵が完成した。
(4) 壁(かべ)にはったポスターがひときわ目立つ。
(5) 私は、その時とても悲しかった。
(6) 乾(かわ)いた布でみがくときれいになる。
(7) そうだ、彼は今日(きょう)から旅行だったね。

4 次の各文について、――線部の助動詞の基本形と意味を答えなさい。〈4点×10〉

(1) いらっしゃいませ。 [　　・　　]

(2) あの本ならもう読んでしまった。 [　　・　　]

(3) その人は優しそうに見えた。 [　　・　　]

(4) 資金が集まらず、困っている。 [　　・　　]

(5) 先生になることが、小さいころからの夢でした。 [　　・　　]

(6) 反対する人もかなり多いだろう。 [　　・　　]

(7) そのような話は聞いたことがない。 [　　・　　]

(8) それについては、私に言わせてください。 [　　・　　]

(9) もったいなくて捨てられない。 [　　・　　]

(10) 失敗をくり返すまいと思った。 [　　・　　]

5 次の文章を読んで、あとの問いに答えなさい。

ヨーロッパの人は、雪の降らない国の人間を信用しないらしい。はっきり口に出しては言わないが、寒いところの人間がすぐれた仕事をするのだと考えている。文明はみな申し合わせたように、北緯四十度以北の雪の降る国々で栄えてきた。寒いところの人は考える力がつよい、とヨーロッパの人はひそかに信じているらしい。熱帯地方はなるほど、哲学者が生まれるのに適していない。

（外山滋比古『ちょっとした勉強のコツ』より）

問一 ――線①〜③の助動詞の意味を答えなさい。〈2点×3〉

① [　　] ② [　　] ③ [　　]

問二 〰〰線A・Bについて、（　）内に示した意味の助動詞を加えて、書き直しなさい。〈5点×2〉

A（断定・推量） [　　]

B（過去・伝聞） [　　]

22 助詞①

重要ポイント

①助詞の性質

□**助詞とは**…語の関係を示したり、細かい意味をそえたりする単語。
□**助詞の性質**…付属語で、活用がない。
□**助詞の分類**…格助詞・接続助詞・副助詞・終助詞の四種類に分類される。

②格助詞

□**格助詞とは**…おもに体言について文節と文節の関係を示す。
□**格助詞の種類**…次の十語がある。
が・の・を・に・へ・と・より・から・で・や
□**格助詞の働き**…主語であることを示す、連体修飾語(しゅうしょく)であることを示す、連用修飾語であることを示す、並立(へいりつ)の関係であることを示す、体言に準ずる語であることを示すの五つの働きがある。

◉**助詞の識別法**
①文節に分け、さらに自立語と付属語に分ける。
②付属語のうち、活用の有無で助詞を見分ける。
③用いられ方によって、助詞の種類を見分ける。
④それぞれの助詞の意味や働きを見分ける。

◉**格助詞の働き**
①**主語であることを示す。**(「が」「の」)
例 校長先生が　話を　される。
②**連体修飾語であることを示す。**(「の」)
例 校長先生の　お話が　ある。
③**連用修飾語であることを示す。**(「を」「に」「へ」「と」「から」「より」「で」など)
例 校長先生の　お話を　聞く。
④**並立の関係であることを示す。**(「と」「や」「の」など)
例 バスや　電車に　乗る。
⑤**体言に準ずる語であることを示す。**(「の」)
例 勉強するのが　きらいだ。

重要ポイント確認問題

1 助詞の性質

次の各文の（　）にあてはまる語を答えなさい。

□(1) 助詞は、（①　　）語で活用が（②　　）。

□(2) 助詞には四種類あるが、おもに体言について文節と文節の関係を示すものを（　　）助詞という。

2 格助詞の働き

次の各文について、——線部の格助詞の働きを、あとのア～オから選んで、記号で答えなさい。

□(1) 工場の排水で川が汚れてしまった。（　　）

□(2) 野口英世は、日本の有名な医学者です。（　　）

□(3) この自転車は、私のです。（　　）

□(4) 夏目漱石や森鷗外の作品を読んでみたい。（　　）

□(5) 先生は車から降りた。（　　）

ア 主語であることを示す。
イ 連体修飾語であることを示す。
ウ 連用修飾語であることを示す。
エ 並立の関係であることを示す。
オ 体言に準ずる語であることを示す。

答

1
(1) ① 付属　② ない
(2) 格

2
(1) ア
(2) イ
(3) オ
(4) エ
(5) ウ

▼答え 別冊 p.26

1 〈助詞の識別〉

次の各文の助詞にすべて――線をつけなさい。

(1) 今月になって桜の花が咲きました。
(2) 米からお酒を作ります。
(3) 誰もぼくのうちへ遊びに来てくれないので、さびしい。
(4) この店はもっと値段が安ければ、客がいっぱい来るのにな。
(5) 中華料理は何でも好きですよ。
(6) 晴れれば、君の家へ遊びに行くね。
(7) いつも負けてばかりいるけれど、今日こそ勝ってやるぞ。

2 〈格助詞の働き〉

次の各文について、――線部の格助詞の働きを、あとのア～オから選んで、記号で答えなさい。

(1) 海がとてもきれいだ。〔　　〕
(2) 三時のおやつを食べる。〔　　〕
(3) 京都に遊びに行く。〔　　〕
(4) これは英語の本です。〔　　〕
(5) これは私のです。〔　　〕
(6) 友だちとおしゃべりする。〔　　〕
(7) 教室で勉強する。〔　　〕
(8) 公園に若者や老人がいる。〔　　〕

ア 主語であることを示す。
イ 連体修飾語であることを示す。
ウ 連用修飾語であることを示す。
エ 並立の関係であることを示す。
オ 体言に準ずる語であることを示す。

3 〈「の」の識別〉

次の例文の――線部の「の」と、同じ文法的意味のものを、あとのア～エから選んで、記号で答えなさい。 重要

例 友人の荷物を教室まで運ぶ。
ア どうしてそんなに君は体育が得意なの。
イ 鳥が鳴くのが向こうの森から聞こえてくる。
ウ 先週来た友人の手紙に返事を出す。
エ あの人の言っていることは間違っている。

〔　　〕

ヒント

1 活用のない付属語、これが助詞である。なので、まず文節にくぎったあと、自立語と付属語に分け、そして活用があるかないかを見分けていく。

標準問題

▼答え 別冊 p.26

1 〈格助詞の意味〉

次の各文について、――線部の格助詞の意味をあとのア～シから選んで、記号で答えなさい。 差がつく

(1) 桜が咲いた。 [ ]
(2) コーヒーが飲みたい。 [ ]
(3) 新聞の三面記事を読む。 [ ]
(4) 東北自動車道を通って岩手県に行く。 [ ]
(5) Uターン就職で都会を離れる。 [ ]
(6) 右側をご覧ください。 [ ]
(7) イタリアでサッカーの大会が行われる。 [ ]
(8) 牛乳でアイスクリームを作る。 [ ]
(9) 突然の大雨で電車がストップした。 [ ]
(10) 来年で、本校は百周年を迎える。 [ ]
(11) ボールペンより万年筆のほうが好きだ。 [ ]
(12) 合格するには、勉強するよりほかはない。 [ ]

ア 起点　イ 手段・材料　ウ 比較の基準
エ 経過する場所　オ 動作の方向　カ 場所
キ 限定　ク 主体　ケ 原因・理由
コ 希望の対象　サ 動作の対象　シ 時限

2 〈「が」の識別〉

次の各文の――線部の「が」は、どちらも主語を示す格助詞であるが、性質に違いがある。それぞれと同じ性質のものを、あとのア～エから選んで、記号で答えなさい。

(1) 花が咲く。 [ ]
(2) ごはんが食べたい。 [ ]

ア 彼は五か国語が話せます。
イ みんなに人気があるが、ぼくは嫌いです。
ウ これは母が編んでくれたセーターだ。
エ 夏は日が長いが、冬は短い。

3 〈格助詞の識別〉

次の各組の――線部の語について、格助詞であるものには○を、格助詞でないものには×をつけなさい。 ミス注意

(1)
① ひらひらとチョウが花畑を飛んでいる。 [ ]
② パンとスープをいただく。 [ ]
③ 「よくがんばった」と父にほめられた。 [ ]

(2)
① 避難訓練で校庭に集合した。 [ ]
② 読書は心を豊かにする。 [ ]
③ 暑さで倒れそうになった。 [ ]

(3)
① 父は仕事でいつも帰りが遅い。 [ ]
② 明日は大雨で風も強いそうだ。 [ ]
③ 映画鑑賞会を視聴覚教室で行う。 [ ]

㉓ 助詞②

重要ポイント

①接続助詞

□ **接続助詞とは**…用言や助動詞などについて、文中のそこまでの部分とそのあとの部分をつなぐ働きをする。

□ **おもな接続助詞**…ば・と・ても・ので・から・て・けれど・が・ながらなどがある。

□ **接続助詞の働き**…接続語になり、仮定の順接(じゅんせつ)・仮定の逆接(ぎゃくせつ)・確定の順接・確定の逆接の四種類がある。

②副助詞

それ以外には**連用修飾語(しゅうしょく)になったり、並立(へいりつ)の関係になったり**する。

□ **副助詞とは**…いろいろな語について、さまざまな意味をそえる。

□ **おもな副助詞**…は・も・こそ・さえ・でも・ばかり・など・かなどがある。

③終助詞

□ **終助詞とは**…文末などについて、話し手の意志や気持ちを表す。

□ **おもな終助詞**…か・な・ね・よ・ぞ・とも・やなどがある。

◉ **接続助詞の意味**

① **仮定の順接**…仮定の事柄(ことがら)に対して、順当な事柄があとにくる。(「ば」「と」)

例 雨が 降れば、運動会は 中止だ。

② **仮定の逆接**…仮定の事柄に対して、反対の事柄があとにくる。(「と」「ても(でも)」「ところで」など)

例 雨が 降っても、運動会は 行われる。

③ **確定の順接**…事実であることに対して、順当な事柄があとにくる。(「ば」「と」「ので」「から」など)

例 雨が 降ったので、運動会は 中止に なった。

④ **確定の逆接**…事実であることに対して、反対の事柄があとにくる。(「ても(でも)」「けれど」「が」など)

例 雨が 降ったが、運動会は 行われた。

重要ポイント確認問題

1 助詞の種類

次の各文の（　）にあてはまる語を答えなさい。

□用言や助動詞などについて、文中のそこまでの部分とそのあとの部分をつなぐ働きをする助詞を（①　）助詞、いろいろな語についてさまざまな意味をそえる助詞を（②　）助詞、文末などについて話し手の気持ちなどを表す助詞を（③　）助詞という。

2 助詞の分類

次の各文から、助詞をすべてぬき出し、あとの四つに分類しなさい。

□(1) 魚は人間ほど高い音を聞くことはできない。

□(2) 人生、長く生きていれば、いいこともあるさ。

□(3) あいつでさえ満点が取れたのだから、このぼくに取れないことがあるものか。次こそはがんばるぞ。

格助詞（　　）

接続助詞（　　）

副助詞（　　）

終助詞（　　）

答

1 ①接続　②副　③終

2（問題番号もあわせて示しておく。）

格助詞＝(1)を　(3)で・が・の・に・が

接続助詞＝(2)て・ば　(3)から

副助詞＝(1)は・ほど・は　(2)も　(3)さえ・こそ・は

終助詞＝(2)さ　(3)か・ぞ

基礎問題

▼答え　別冊p.26

1 〈接続助詞の働き〉

次の各文について、――線部の接続助詞の働きはA順接、B逆接のどちらか。記号で答えなさい。 重要

(1) 部屋が静かなので ゆっくり休める。〔　　〕

(2) 勉強したのに いい成績が取れない。〔　　〕

(3) いくら読んでも わからない。〔　　〕

(4) 話せば わかる。〔　　〕

(5) この道をまっすぐ行くと 駅に着く。〔　　〕

(6) 春になれば、花が咲く。〔　　〕

(7) この試合で負けても 敗者復活戦があるさ。〔　　〕

2 〈接続助詞の補充〉

次の各文の（　）にあてはまる接続助詞を、あとのア～キから選んで、記号で答えなさい。

(1) 彼は英語も話せる（　　）、ドイツ語も話せる。

(2) 本を読んでいる（　　）、時間を忘れてしまう。

(3) 彼は人に注意しておき（　　）、約束を破る。

(4) おかずはできた（　　）、ごはんが炊けてない。

(5) 失恋は、悲しく（　　）、つらいものだ。

(6) どんなにつらく（　　）、完走するぞ。

(7) 計画をたてた（　　）、実行できないだろう。

ア が　イ ところで　ウ し　エ ながら
オ て　カ とも　キ と

(1)〔　　〕 (2)〔　　〕 (3)〔　　〕 (4)〔　　〕
(5)〔　　〕 (6)〔　　〕 (7)〔　　〕

3 〈終助詞の意味〉

次の各文について、――線部の終助詞の意味をあとのア～カから選んで、記号で答えなさい。

(1) 図書館ではね、大声で話さないものだよ。〔　　〕

(2) 君はまだあの映画を見ていないの。〔　　〕

(3) 危険だから廊下を走るな。〔　　〕

(4) 未成年がたばこを吸ってよいのか。〔　　〕

(5) こんな本なら一日で読めるとも。〔　　〕

(6) 山頂からのながめはすばらしいや。〔　　〕

ア 禁止　イ 感動　ウ 念をおす　エ 強調
オ 疑問　カ 反語

ヒント

1 順接（前の事柄に対して順当な事柄があとにくる）と逆接（前の事柄に対して反対の事柄があとにくる）の区別をしっかりとできるようにしておこう。

標準問題

▼答え 別冊 p.27

1 〈接続助詞の意味〉
次の各文の――線部の接続助詞の意味を、あとのア～オから選んで、記号で答えなさい。 重要

(1) 電車に乗れば、三十分で着きます。 [　]
(2) 彼(かれ)は英語もできれば、数学もできる。 [　]
(3) あなたの都合が良ければ、おうかがいします。 [　]
(4) 冬になると、雪が降る。 [　]
(5) 誰(だれ)に頼まれようと、私は行きません。 [　]
(6) いくら呼んでも、ぜんぜん返事がない。 [　]

ア 確定の順接　イ 確定の逆接
ウ 仮定の順接　エ 仮定の逆接　オ 並立(へいりつ)

2 〈副助詞の意味〉
次の各文について、――線部の副助詞の意味を、あとのア～カから選んで、記号で答えなさい。

(1) 気分が悪くて水しかのどを通らない。 [　]
(2) 来年こそは、クラブでレギュラーになるぞ。 [　]
(3) 彼女(かのじょ)は三か国語を話すことができる。 [　]
(4) 来週の月曜日までに原稿(げんこう)を書いてください。 [　]
(5) そんなことは、子どもでもできるよ。 [　]

ア 程度　イ 他を類推　ウ 終点　エ 限定
オ 強意　カ 主題(題目)

3 〈「て」の用法〉
次の各文について、――線部の「て」の意味・用法を、あとのア～エから選んで、記号で答えなさい。

(1) お風呂(ふろ)に入って、寝(ね)た。 [　]
(2) 果物は、おいしくて、健康にいい。 [　]
(3) 悲しくて、涙(なみだ)が止まらない。 [　]
(4) 父はテレビで野球中継を見ている。 [　]
(5) 予告通り怪盗(かいとう)に宝石を盗(ぬす)まれてしまった。 [　]

ア 原因・理由を表す　イ 単純な接続を表す
ウ 補助用言をあとに続ける　エ 並立

4 〈「ながら」の識別〉
次の例文の――線部「ながら」と同じ意味のものを、あとのア～エから選んで、記号で答えなさい。 差がつく

例 小さな感動に出会いながら、その価値に気づかない。
ア 昨日(きのう)、彼は友だちと話をしながら散歩していた。
イ 隣町(となり)には、昔ながらの建物がまだ多く残っている。
ウ 私の弟は、幼いながらよく家のことを手伝う。
エ たくさんの小鳥が、さえずりながら飛んでいる。

[　]

◎制限時間30分　◎合格点70点　▼答え　別冊p.27

［　　　］点

実力アップ問題

1 次の各文について、——線部の副助詞と同じ意味で用いられているものを、あとのア～エからそれぞれ選んで、記号で答えなさい。〈4点×2〉

(1) 自分の身体でさえ、もはや自分でコントロールできず、体調がすぐれないときには、すぐに医院にかけつける。

ア 君さえよければ、いっしょにやろう。
イ 汚(きたな)くさえなければ、どれでもいい。
ウ 雨がやんで、太陽さえ顔をのぞかせた。
エ これは小学生にさえわかる問題だ。　［　　］

(2) この単純な事実を、私たちはふだん人の眼(め)に触(ふ)れないようにばかりしている。

ア 学問ばかりでは成功できない。
イ 一週間ばかり旅行に行く。
ウ 食事は今すませたばかりである。
エ 泣かんばかりに頼(たの)む。　［　　］

2 次の各文の——線部の「の」について、同じ用法ごとにまとめたものとして正しいものを、あとのア～オから選んで、記号で答えなさい。〈6点〉

(1) ここは東京の(A)真ん中だ。
(2) 閉まる直前の(B)画廊(がろう)をのぞいた。
(3) トラックの(C)出入りするビル。
(4) 人の(D)多い町中のほうに戻(もど)った。
(5) 前方に人だかりがしているの(E)に気づいた。
(6) 犬が車にはねられたの(F)。
(7) そのまま逃(に)げちまったの(G)さ。
(8) だいぶ出血しているの(H)がちらりと見えた。
(9) 獣医(じゅうい)というの(I)は英語ではなんと言っただろうか。
(10) 首から頭の(J)右側にかけてすり傷がある。

ア ［A］と［BJ］と［CD］と［EFGHI］
イ ［ABJ］と［C］と［DEFHI］と［G］
ウ ［A］と［BCDJ］と［EHI］と［FG］
エ ［ABJ］と［CD］と［EHI］と［FG］
オ ［A］と［B］と［CDEFGHI］と［J］　［　　］

3 次の各文の——線部の助詞の種類は何か。あとの四つに分類し、記号で答えなさい。〈6点×4〉

(1) 境内(けいだい)は(ア)さびしいけれど(イ)、静かで落ち着きますね(ウ)。
(2) 音楽を(エ)聴きながら(オ)勉強をしても(カ)、頭に入らない。
(3) 交通事故ほど(キ)悲しいものは(ク)ないので(ケ)、常に安全運転を(コ)心がけたい。

(4)「台風が(サ)来さえ(シ)しなければ(ス)、みんなで(セ)キャンプに(ソ)いけたのに(タ)。」と(チ)、山本君が(ツ)くやしがっていた。

格助詞［　　　　］
接続助詞［　　　　］
副助詞［　　　　］
終助詞［　　　　］

4 次の各文の――線部の「でも」について、例にならって、それぞれ文法的に説明しなさい。〈6点×5〉

例 姉は本を読んでもいる。
［接続助詞「で」＋副助詞「も」］

(1) この絵は、君の作品でもないとすると、誰のだろう。
［　　　　　　　　］

(2) 掃除をしたのに、片づいてもいないし、きれいでもない。
［　　　　　　　　］

(3) この薬はいくら飲んでも、ききめがない。
［　　　　　　　　］

(4) 暑いからかき氷でも食べようか。
［　　　　　　　　］

(5) 駅前のコンビニでもお金をおろせるらしい。
［　　　　　　　　］

5 次の各文について、――線部の終助詞の意味を、あとのア～オから選んで、記号で答えなさい。〈4点×4〉

(1) ロンドンは今何時だろうか。［　　］
(2) 歩きながらものを食べるな。［　　］
(3) このラーメンはほんとうにうまいなあ。［　　］
(4) このくらいの山なら登れるぞ。［　　］

ア 念をおす　イ 禁止　ウ 反語　エ 感動
オ 疑問・質問

6 次の各文について、――線部の「ね」はそれぞれどういう表現意図をもっているか、あとのア～オから選んで、記号で答えなさい。〈4点×4〉

(1) 今日は木曜日でしたね。［　　］
(2) また、明日も遊びに来てね。［　　］
(3) 私なら、そうしますね。［　　］
(4) もうこんなことはしませんね。［　　］

ア 確認　イ 依頼　ウ 同感　エ 説得
オ えん曲な主張

9章
敬語

24 敬語①

重要ポイント

① 敬語の意義と種類

□ **敬語の意義**…聞き手や話題の中の人物に敬意を表すことば。
□ **敬語の種類**…尊敬語・謙譲語・丁寧語の三つ。
□ **尊敬語**…話し手が、話題にしている人物のうち、その動作をする者を高めて扱う気持ちを表す表現。
□ **謙譲語**…話し手が、話題にしている人物のうち、その動作を受ける者を高めて扱う気持ちを表す表現。
□ **丁寧語**…話し手が、丁寧に言い、聞き手を高めて扱う気持ちを表す表現。

② おもな尊敬語

□ 尊敬の意味を含む体言「先生」「君」「あなた」など。
□ 尊敬の意味を表す接頭語「お」「ご（御）」や接尾語「さん」「様」「君」などのついた語。
□ 尊敬の意味を含む動詞（尊敬動詞）。
□ 「お（ご）～になる」の形。
□ 尊敬の意味を表す助動詞「れる」「られる」のついた語。

◉ **おもな尊敬動詞**

・**尊敬動詞として特定の語形をとる場合**
例 いらっしゃる（↑行く・来る・いる）
おっしゃる（↑言う）
なさる（↑する）
召しあがる（↑食べる・飲む）
くださる（↑くれる）

・**「なさる」「くださる」などが「お（ご）～なさる」「お（ご）～くださる」の形になる場合**
例 ご利用なさる
お話しくださる
ご案内くださる

・**「くださる」「いらっしゃる」などが補助動詞として使われる場合**
例 指導してくださる
立っていらっしゃる

重要ポイント確認問題

1 敬語の種類

次の各文の（　）にあてはまる語を答えなさい。

□(1) 話し手が、話題にしている人物のうち、その動作をする者を高めて扱う気持ちを表す表現を（　）語という。

□(2) 話し手が、話題にしている人物のうち、その動作を受ける者を高めて扱う気持ちを表す表現を（　）語という。

□(3) 話し手が、丁寧に言い、聞き手を高めて扱う気持ちを表す表現を（　）語という。

2 尊敬語

次の各文の――線部を尊敬動詞に直して、（　）にあてはまるように答えなさい。

□(1) これから先生が来①て、母に話してくれる②そうだ。

↓これから先生が（①　）て、母に話して（②　）そうだ。

□(2) コーチは、テニスを熱心に指導すると評判だ。

↓コーチは、テニスを熱心にご指導（　）と評判だ。

□(3) 先生は昼食を食べた。

↓先生は昼食を（　）た。

答

1

(1) 尊敬

(2) 謙譲

(3) 丁寧

2

(1) ① いらっしゃっ
② くださる

(2) なさる

(3) 召しあがっ

基礎問題

▼答え 別冊 p.28

1 〈敬語の種類〉

次の各文の――線部の敬語は、それぞれA尊敬語、B謙譲語（けんじょう）、C丁寧語（ていねい）のどれにあたるか。記号で答えなさい。重要

(1) 写真の、私の隣（となり）に写っているのが家内（かない）です。［　］
(2) ご賛同いただき、ありがとうございました。［　］
(3) 兄はよろしくと申しておりました。［　］
(4) 名産品です。どうぞ召（め）しあがってください。［　］
(5) お返事を差しあげたいと思います。［　］
(6) 屋上でお弁当を食べましょう。［　］
(7) 弊社（へいしゃ）の新製品です。［　］
(8) 本日の午後、そちらへまいります。［　］
(9) ご覧になりたいものがあれば、お出しします。［　］
(10) 昼の二時ごろ、拙宅（せったく）へお越（こ）しください。［　］

2 〈おもな尊敬動詞〉

次の各文の――線部を、特定の語形をとる尊敬動詞に直して、基本形で答えなさい。

(1) 先生が言った。［　］
(2) 先生が、おみやげをくれるそうだ。［　］
(3) 先生は、週末にゴルフをする。［　］
(4) 駅のほうから先生が来る。［　］
(5) 先生は一日お宅にいると聞いた。［　］
(6) 先生、お茶を飲みませんか。［　］
(7) 先生は行かないのですか。［　］

3 〈尊敬語の使い方〉

次の各文の――線部を、A「お（ご）～になる」を用いた形と、B「れる」「られる」を用いた形の二種類の文に直し、（　）にあてはまる形で答えなさい。ミス注意

(1) 先生が座った席は、こちらです。
A 先生が（　）た席は、こちらです。
B 先生が（　）た席は、こちらです。

(2) 花束を持ちますか。
A 花束を（　）ますか。
B 花束を（　）ますか。

(3) 先生は、このバスに乗ります。
A 先生は、このバスに（　）ます。
B 先生は、このバスに（　）ます。

ヒント

1 尊敬語か謙譲語かを見分けるときは、その語が相手や第三者のことを表しているか、自分の側のことを表しているかで考えよう。

標準問題

▼答え 別冊 p.28

1 〈尊敬語〉

次の各文から、尊敬の意味を含む体言をぬき出しなさい。

(1) 奥様はお元気ですか。 [　　]

(2) どなたか、荷物を持つのを手伝ってくれませんか。 [　　]

(3) このかたを、窓口へお連れしてください。 [　　]

(4) 御社の企画書を拝見しました。 [　　]

(5) あなたの先生ですね。 [　　] [　　]

(6) 君は、もう帰るのですか。 [　　]

(7) 貴学へ入学を希望します。 [　　]

(8) お客様をご案内してください。 [　　]

2 〈接頭語〉

次の各文のうち、敬意を表す接頭語「お」「ご」の使い方が正しいものをすべて選び、番号で答えなさい。

(1) 数々のご配慮、ありがとうございます。

(2) お主人には、大変お世話になりました。

(3) あの二人は、どのようなご関係ですか。

(4) ご感想を一言お願いいたします。

(5) たいへんご快適な旅行をされたそうで、なによりです。

(6) お値段を教えていただけませんか。

(7) このお酒をぜひ召しあがってください。

(8) お知らせを配布いたしました。

(9) ご出迎えありがとうございます。

[　　]

3 〈敬語の使い方〉

次の文章は、尊敬語の使い方について記したものである。（　）にあてはまる語を答えなさい。なお、（　A　）には同じ語が入る。 重要

(1) 目上の人の動作や行為に対しては（　A　）語を用いる。たとえば、先生が知人と約束をしているが、時間を過ぎても相手が来ない場合に、

先生、三時までお待ちしますか。

と尋ねるのは間違いである。この場合、「待つ」のは先生なので、――線部は「お(ご)～になる」という表現を用いて「お待ち（　B　）。」と聞くのが正しい。

(2) 目上の人の動作や行為を人に話すときも、（　A　）語を用いる。「……と田中さんが申された。」などと言う人がいるが、この場合、――線部は「……と田中さんが（　C　）。」というのが正しい。

A [　　]　B [　　]

C [　　]

25 敬語②

重要ポイント

①おもな謙譲語

□謙譲の意味を含む体言「わたくし」「せがれ」「家内」「手前」など。
□謙譲の意味を表す接頭語「小」「愚」「拙」「弊」「粗」などや接尾語「ども」「め」などのついた語。
□謙譲の意味を含む動詞(謙譲動詞)。
□「お(ご)～する」の形。
＊自分の行為、物事などを聞き手に対して丁重に述べるものを「丁重語」と呼び、「謙譲語」と区別することもある。

②おもな丁寧語

□丁寧の意味を含む動詞「ございます(ある)」など。
□丁寧の意味を表す助動詞「です」「ます」のついた語。
□丁寧の意味を表す接頭語「お」「ご」のついた語。
＊「お茶」「お料理」のように、物事を美化して述べるものは「美化語」という。

◉おもな謙譲動詞

・謙譲動詞として特定の語形をとる場合

例 申す(←言う)　いたす(←する)
差しあげる(←やる)
うかがう(←聞く・尋ねる・訪問する・行く)
いただく(←もらう・食べる・飲む)
まいる(←行く・来る)
拝見する(←見る)

・「お(ご)～申す」「お(ご)～申しあげる」「お(ご)～いたす」「お(ご)～いただく」の形になる場合

例 お願い申しあげる
ご案内いたす

・「あげる」「さしあげる」「いただく」などが補助動詞として使われる場合

例 見てあげる
ふいてさしあげる
教えていただく

重要ポイント確認問題

1 尊敬動詞と謙譲（けんじょう）動詞

次の表の空欄（くうらん）①～⑦にあてはまる敬語を入れ、表を完成させなさい。

普通動詞	尊敬動詞	謙譲動詞
①	おっしゃる	②
行く・来る	③	④
食べる・飲む	⑤	いただく
する	⑥	いたす
見る	ご覧になる	⑦

2 丁寧（ていねい）語

次の各文の――線部を丁寧語に直して、（　）にあてはまるように答えなさい。

□(1) 以前、私は猫（ねこ）を飼（か）っていた。→以前、私は猫を飼って（　　　）た。

□(2) こちらの店は、いつでも参考書を置いてある。
→こちらの店は、いつでも参考書を置いて（　　　）。

□(3) そのコップは妹のものだ。→そのコップは妹のもの（　　　）。

答

1
① 言う　② 申す
③ いらっしゃる　④ まいる
⑤ 召しあがる　⑥ なさる
⑦ 拝見する

2
(1) いまし
(2) あります（ございます）
(3) です

1 〈敬語動詞〉

次の各組の——線部の敬語動詞を、それぞれ普通動詞に直して、基本形で答えなさい。

(1)
① 明日、東京へまいります。 ［　　　］
② お迎えの車がまいりました。 ［　　　］

(2)
① 昼食におそばをいただく。 ［　　　］
② お中元をいただく。 ［　　　］

(3)
① 何時にお宅へうかがうのがよいでしょうか。 ［　　　］
② お話をうかがいたいと思います。 ［　　　］

(4)
① 先生がこちらにいらっしゃるそうだ。 ［　　　］
② 先生、明日は、ご自宅にいらっしゃいますか。 ［　　　］

2 〈助動詞「です」「ます」〉

次の各文の（　）に、助動詞「です」「ます」を活用させて答えなさい。

(1) これは、マリーゴールドの花（　　　　）。
(2) 今夜、必ず電話し（　　　　）。
(3) そんな事実はあり（　　　　）ん。
(4) 三時になったら、一緒に散歩し（　　　　）う。
(5) 明日の関東地方は晴れる（　　　　）う。

3 〈おもな謙譲動詞〉

次の各文の——線部を、特定の語形をとる謙譲動詞に直して、基本形で答えなさい。 重要

(1) 「そうしてください」と私は言いました。 ［　　　］
(2) この仕事は、私がします。 ［　　　］
(3) もらった手紙は、引き出しにしまってあります。 ［　　　］
(4) 招待状を見ました。 ［　　　］
(5) その日は一日学校にいます。 ［　　　］
(6) お気に召すかわかりませんが、あなたにやります。 ［　　　］
(7) 先生のお宅へ行く。 ［　　　］

ヒント

1 文脈から、どの意味で使われているかを考えよう。
3 よく使われる謙譲動詞は十語程度である。普通動詞とセットで覚えておこう。

標準問題

1 〈敬語動詞〉

次の各文の（　）にあてはまるように、〔　〕の動詞の意味をもつ謙譲動詞を答えなさい。 重要

(1) 先生のお宅で夕食を（　　）ました。〔食べる〕

(2) 私が連絡を（　　）ましょう。〔する〕

(3) 予定の五分前には私も（　　）ます。〔来る〕

(4) 私がよろしくと（　　）ていたとお伝えください。〔言う〕

(5) 誕生日のプレゼントを（　　）ました。〔もらう〕

2 〈不適切な敬語表現〉

次の各文の——線部は敬語の使い方が間違（まちが）っている。それぞれ正しい敬語表現に直しなさい。 差がつく

(1) 私は、ぜひ先生にお会いになりたいと思っております。
〔　　　　〕

(2) 先生は、どちらまでまいりますか。
〔　　　　〕

(3) あなたのご都合はどうでしょうか。
〔　　　　〕

(4) チケットをお持ちしていない方は、いらっしゃいませんか。
〔　　　　〕

(5) 私も、あなたのお名前は以前より知っておりました。
〔　　　　〕

3 〈敬語の使い方〉

次の文章は、謙譲（けんじょう）語の使い方について記したものである。（　）にあてはまる語を答えなさい。

人に自分の家族の話をするとき、「私のお兄さんが……」などという言い方は正しくない。自分の身内や関係者のことを人に話す場合は、ふつう（　A　）語を用いる。この場合、——線①は「私の（　B　）が……」と言うのが正しい表現となる。同じように、父は、ただいまこちらへいらっしゃいます。という言い方も正しくない。——線②は（　C　）とするのが正しい表現である。

A〔　　　　〕　B〔　　　　〕

C〔　　　　〕

▼答え 別冊 p.29

26 敬語の正しい使い方

重要ポイント

① 敬語の正しい使い方

□ **人を指し示す敬語**

① 相手を指す場合…「あなた」を用いる。「先生」などの役職を表す呼び方があれば、それで呼ぶ。

② 自分を指す場合…**公的な場面では「わたし」「わたくし」**を用いる。

③ 第三者を指す場合…「〜さん」「〜様」を用いるが、**自分の側の人間を指す場合には、目上の人であっても尊敬語は使わないほうがよい。**

□ **敬語の重なり**

丁寧(ていねい)語の「です」「ます」は尊敬語や謙譲(けんじょう)語とよく重ねて用いられる。ただし、あまり敬語を重ねすぎると、かえって失礼になる場合もあるので注意する。

□ **接頭語「お」「ご」**

敬う人の物事を表す語につけて、**尊敬の意味を表すことができる。**また、自分の物事に「お」をつけ、**謙譲の意味を表すこともある。**

例 先生のお話を聞く。(↑尊敬)　先生にお手紙を書く。(↑謙譲)

◉ **敬語の使い方**

次にあげるような敬語の適切でない使い方に注意する。

① 敬意の対象の動作なのに、**敬語表現を用いていない。**

誤 先生が**来**た。→ 正 先生が**いらっしゃった**。

② **尊敬語と謙譲語をとりちがえる。**

誤 先生が**申す**。→ 正 先生が**おっしゃる**。

③ **自分の側の人間に尊敬語を用いる。**

誤 **お父さん**が**いらっしゃい**ました。

→ 正 **父**が**来**ました。

④ 尊敬語を必要以上に用いる。

誤 先生が本を**お**読みに**なられる**。

→ 正 先生が本を**お**読み**になる**。

⑤ 丁寧語を必要以上に用いる。

誤 お乗りになり**ます**方にお願いいたします。

→ 正 お乗りになる方にお願いいたします。

重要ポイント確認問題

1 敬語の使い方

次の各文の敬語の使い方で、正しいものには○を、間違(まちが)っているものには×をつけなさい。

□ (1) あなたは、どちらの駅からいらっしゃいましたか。（　）
□ (2) 私が、先生に連絡いたします。（　）
□ (3) 私は、先生にいただいたお菓子(かし)を召(め)しあがりました。（　）
□ (4) 父が、そうおっしゃっていました。（　）

2 不適切な敬語表現

次の各文の——線部は、敬語の使い方が正しくない。それぞれ正しい敬語表現に直しなさい。

□ (1) 母は、今いらっしゃいません。（　）
□ (2) 先生はどちらにまいりますか。（　）
□ (3) 先生が夕食をお召しあがりになる。（　）

答

1
(1) ○
(2) ○
(3) ×
(4) ×

2
(1) おりません
(2) いらっしゃいますか
(3) 召しあがる

基礎問題

▼答え 別冊 p.29

1

〈不適切な敬語表現〉

次の各組について、敬語の使い方の正しいものには○を、正しくないものには×をつけなさい。

(1)
① 姉がよろしくと申しておりました。
② 先生からご注意を申してください。

(2)
① 教えていただいたとおりに、作ってみました。
② 窓口で、チケットをいただいてください。

(3)
① どちらへ行かれるのですか。
② お客様が、あちらにおります。

2

〈正しい敬語の使い方〉

次の各組の――線部の敬語が正しく使われているものを、それぞれ選んで、記号で答えなさい。 ミス注意

(1)
ア ご配慮（はいりょ）いただき、ありがとうございます。
イ のちほど、こちらからご連絡なさいます。
ウ 私たちは昨日（きのう）、病気の先生をお見舞（みま）いになった。

(2)
ア 先生がお叱（しか）りになられるのも、ごもっともだ。
イ お召（め）しものは、こちらでお預かりいたします。
ウ あそこに立っていらっしゃるのが、私の母です。

(3)
ア 結果を、お早めにお知らせください。
イ 会議には、田中さんがまいられたそうだ。
ウ これから父の事務所にうかがいます。

3

〈正しい敬語の使い方〉

次の各文の――線部の敬語表現を、正しい敬語表現に直しなさい。 重要

(1) 私が旅行先で買ってきたお土産（みやげ）のお菓子（かし）を、いただかれますか。
(2) この書類を、拝見してください。
(3) 丸山さんは、本日の会議をご欠席なさられた。
(4) この用紙にご記入したら、こちらへお出しください。
(5) その件について、私は一切知りませんでした。

ヒント

3 敬意の対象が誰（だれ）なのか、動作・行為の主体が誰なのかをおさえて、適切な敬語に直していく。

標準問題

▼答え　別冊 p.30

1 〈不適切な敬語表現〉

次の文の□にあてはまる語を答えなさい。

尊敬語は、必要以上に用いないようにする。たとえば、「希望を持て。」と先生はいつもおっしゃられる。という文は、尊敬動詞と尊敬表現「れる」「られる」を重ねて用いているため適切ではない。――線部を尊敬動詞の□のみにすればよい。

［　　　　］

2 〈正しい敬語の使い方〉

次の各文を敬語表現に直して、（　）にあてはまる形で答えなさい。重要

(1) 先生は、私の描いた絵を見ていた。
↓先生は、私の描いた絵を（　　　　）。

(2) 北海道から、高橋さんが来る。
↓北海道から、高橋さんが（　　　　）。

(3) あとで、こちらから連絡する。
↓あとで、こちらから連絡（　　　　）。

(4) どうしてもと言うのなら、しかたありません。
↓どうしてもと（　　　　）のなら、しかたありません。

(5) 今から、佐藤さんの家へ訪問するつもりだ。
↓今から、佐藤さんの（　　　　）へ（　　　　）つもりです。

(6) 母はまもなく戻りますので、待ってください。
↓母はまもなく戻りますので、（　　　　）。

(7) あなたにこの本をやろう。
↓あなたにこの本を（　　　　）。

3 〈正しい敬語の使い方〉

次の各文の敬語について、誤っている部分をぬき出し、正しい形に直しなさい。差がつく

(1) 先生が母とお話しになられるそうだ。
［　　　　］→［　　　　］

(2) 先生はこちらに寄ってから、すぐ帰られました。
［　　　　］→［　　　　］

(3) ただいま、部長の村井は外出していらっしゃいます。
［　　　　］→［　　　　］

(4) よろしければこのお菓子をいただいてください。
［　　　　］→［　　　　］

(5) 先生、ちょっと尋ねたいのですが。
［　　　　］→［　　　　］

実力アップ問題

◎制限時間30分　◎合格点70点　▼答え 別冊 p.30

点

1 次の各文について、――線部の敬語の種類を、あとのア～ウから選んで、記号で答えなさい。〈2点×12〉

(1) あたたかいうちに召(め)しあがってください。［　］
(2) 母は家におりますので、どうぞお越(こ)しください。［　］
(3) いよいよ体育祭が始まります。［　］
(4) さあ、この作品をご覧ください。［　］
(5) よろしければ差しあげます。［　］
(6) 絵画コンクールで金賞をいただいた。［　］
(7) 素敵な着物をお召しになっている。［　］
(8) 妹は二つ年下です。［　］
(9) お茶とジュースがございます。［　］
(10) 講演を拝聴(はいちょう)しました。［　］
(11) どのように申しあげたらよいでしょうか。［　］
(12) みなさま、お元気でいらっしゃいますか。［　］

ア 尊敬語　イ 謙譲(けんじょう)語　ウ 丁寧(ていねい)語

2 次の各文の――線部の敬語と同じ用法・意味の敬語が用いられた文を、あとのア・イから選んで、記号で答えなさい。〈4点×6〉

(1) あなたにいただいた資料は、すべて大切にとってあります。
ア 森川さんのお宅で、お昼をいただいた。
イ 佐藤さんから、連絡をいただいた。［　］

(2) 先生、今アメリカにいらっしゃるというのは本当ですか。
ア 田中さんが、これから本社へいらっしゃるそうだ。
イ 夕方ごろ、先生はご自宅にいらっしゃるとのことだ。［　］

(3) もうすぐ、おいでになるとうかがいました。
ア 田中さんから、その件についてうかがっています。
イ これから、先生のお宅へうかがいます。［　］

(4) 先生、もう行かれるのですか。
ア ぼくは、ニンジンを食べられるようになった。
イ 先生は、もう母と話されたのですね。［　］

(5) 当分、課長は不在でございます。
ア その品物は、こちらにございます。
イ こちらが新商品でございます。［　］

(6) お帽子(ぼうし)はこちらへお掛(か)けください。
ア お酒を召しあがる。
イ なぜお怒(いか)りになるのですか。［　］

3 次の各文の――線部を、（　）内の指示に従ってそれぞれ書きかえなさい。〈6点×6〉

(1) 先生の話を聞く。（謙譲動詞を使う）［　　］

(2) 危険なことをしないでください。（尊敬動詞を使う）［　　］

(3) その件については話すことができません。（謙譲表現「お～する」の形を使う）［　　］

(4) どうぞ、よく見てください。（尊敬動詞を使う）［　　］

(5) あなたも発表会に来ますか。（尊敬動詞を使う）［　　］

(6) 私から言いましょう。（謙譲動詞を使う）［　　］

4 次の各文の状況(じょうきょう)にふさわしい敬語の使い方をしているものを、あとのア～ウから選んで、記号で答えなさい。〈4点×4〉

(1) 生徒が先生に対して

ア「今度、母にお会いしていただけませんか。」

イ「今、こちらに中田先生はおりますか。」

ウ「先生が先日なくされたというお財布(さいふ)を、校門の近くで拾いました。」［　　］

(2) 社員が部長に対して

ア「部長の奥(おく)さんは、今日(きょう)家にいますか。」

イ「今回の予算は、百万円です。」

ウ「書類を出しますので、拝見なさってください。」［　　］

(3) バスの運転士が乗客に対して

ア「お客様、お財布をお落としになられたのはこちらの席ですか。」

イ「どこから乗ってきたんですか。」

ウ「どうか、バスが止まるまでお立ちにならないようお願いいたします。」［　　］

(4) 電話でのやりとり

ア（社員の妻が、会社にいる夫への伝言を依頼(いらい)する）「夫が戻(もど)りましたら、家へ連絡をくださるよう伝えてください。」

イ（先生が生徒の保護者に対して）「申し訳ありませんが、校長先生は席を外しております。」

ウ（家族の伝言を相手に伝える）「父は、明日(あす)十時にそちらにうかがうと申していました。」［　　］

高校入試対策

第1回 模擬テスト

◎制限時間30分 ◎合格点70点 ▼答え 別冊p.31

点

1 次の文は十三の単語に分けられる。上から四番目の単語の品詞名を、あとのア～エから選んで、記号で答えなさい。〈7点〉

歩く人が多くなればそれが道になるのだ。

ア 動詞　**イ** 形容詞　**ウ** 助詞　**エ** 助動詞

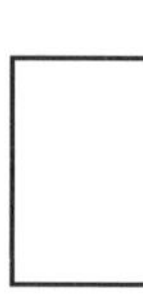

2 次の文の――線部を組み立てている単語の品詞のならび順として、最も適当なものを、あとのア～エから選んで、記号で答えなさい。〈7点〉

あばれさせないように、慎重(しんちょう)に魚を網(あみ)が待ちかまえているところにみちびいた。

ア 動詞／助動詞／形容動詞
イ 動詞／形容詞／名詞／助詞
ウ 動詞／助動詞／助動詞／助動詞
エ 動詞／助動詞／形容詞／名詞／助詞

3 次の――線部の動詞について、活用の種類と活用形とを、あとのア～サからそれぞれ選んで、記号で答えなさい。〈8点×5〉

(1) 最近ではほとんど見られなくなった。
(2) 文部科学省からも、見直すように言われた。
(3) また、ひょっとすると失敗するかもしれない。
(4) 失敗する場合もあれば、成功する場合もある。
(5) 友達の言うことを受け入れていないようだ。

《活用の種類》
ア 五段活用　**イ** 上一段活用　**ウ** 下一段活用
エ サ行変格活用　**オ** カ行変格活用

《活用形》
カ 未然形　**キ** 連用形　**ク** 終止形
ケ 連体形　**コ** 仮定形　**サ** 命令形

	活用の種類	活用形
(1)		
(2)		
(3)		
(4)		
(5)		

4

次の文の――線部の「私は」は、どの文節にかかるか。あとのア～エから選んで、記号で答えなさい。〈6点〉

私は今日(きょう)、知らないうちに自分が誰(だれ)かの役にたっていたと想像することは、楽しいことだと思うのですが、どうでしょうか。

ア 役にたっていた　**イ** 想像する
ウ 楽しい　**エ** 思うのですが

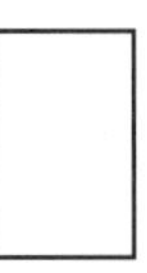

5

次の各文の――線部の語と同じ働きのものを、それぞれあとのア～エから選んで、記号で答えなさい。〈7点×4〉

(1) こうしたい、ああなりたいと思うのに、そうできない、かなわないという現実をさびしく思う。

ア 遊んでいる幼児の表情はあどけない。
イ このテレビゲームはおもしろくない。
ウ 近所の公園にはゴミがない。
エ 荷物がなかなか届かない。

(2) 日本は石油や鉄鉱石のような天然資源に乏しい。

ア 東京のような大都市には人間が集まってくる。
イ 序盤(じょばん)でリードしたので、勝ったようなものだ。
ウ 指先から背筋に電気のようなものが走った。
エ 彼(かれ)は二度とここへは来ないような気がする。

(3) あいさつをして先生に褒(ほ)められる。

ア 雄大(ゆうだい)な山々が真っ赤な夕日に染められる。
イ 私は好き嫌(きら)いがなくなんでも食べられる。
ウ 来週に控(ひか)えた運動会の天気が案じられる。
エ 大学の先生が私たちの中学校に来られる。

(4) 滝を見て和歌を詠(よ)んだのであろう。

ア ぼくの勘(かん)だと、こちらの道が正しい。
イ T高校は、文化祭も体育祭も盛んだ。
ウ のどが渇(かわ)いたので、水を飲んだ。
エ もうすぐ雪もやみそうだ。

(1)
(2)
(3)
(4)

6

次の文を読んで、あとの問いに答えなさい。〈6点×2〉

「私は、先生にお礼を言おうとしたのに、気持ちが伝わらず、かえって失礼なことをしてしまいました。」

(1) ――線部を適切な敬語に直す場合、次の中のどの言葉を用いたらよいか。**ア**～**ウ**から選んで、記号で答えなさい。

ア 尊敬語　**イ** 謙譲語(けんじょうご)　**ウ** 丁寧語(ていねいご)

(2) (1)と同じ種類の敬語を、**ア**～**エ**から選んで、記号で答えなさい。

ア いらっしゃる　**イ** 召(め)しあがる
ウ ございます　**エ** 拝見する

(1)
(2)

高校入試対策

第2回 模擬テスト

◎制限時間30分　◎合格点70点　▼答え 別冊p.32

点

1

次の(1)〜(5)の——線部の動詞について、活用の行・種類と活用形をそれぞれ答えなさい。また、(6)〜(10)の文中から助動詞をぬき出し、その意味をあとのア〜コから選んで、記号で答えなさい。〈4点×10〉

(1) 突（つ）き当たりを右に曲がると、私の学校はもうすぐだ。

(2) 彼（かれ）はよく遊びに来るので、家族みんなと親しい。

(3) 子どもには好き嫌（きら）いがなく、何でも食べさせることが大事だ。

(4) 庭の柿（かき）の実が今にも落ちそうだ。

(5) さあ、みんな、一緒（いっしょ）に勉強しよう。

(6) 弟が、兄にしかられて泣いている。

(7) 歴史について詳（くわ）しく知りたければ、彼に聞くとよい。

(8) クラス会には彼も来るそうなので、今から楽しみにしている。

(9) 昨日（きのう）は一日ゆっくり寝たので、今日（きょう）は体調がよい。

(10) 今日は雨で寒いが、明日（あす）からは晴れて気温も高くなる。

ア 意志　イ 希望　ウ 断定　エ 様態　オ 受け身
カ 完了　キ 伝聞　ク 使役　ケ 尊敬　コ 過去

(1)	(3)	(5)
行　活用　形	行　活用　形	行　活用　形
(2)	(4)	(6)
行　活用　形	行　活用　形	・

2

次のア〜カの——線部の語を品詞別に二つに分けて、記号で答えなさい。〈8点〉

ア しっかり水分をとることは大切だ。

イ あらゆる場面を想定して対策を練る。

ウ あの若さで当選するのはたいしたものだ。

エ いっせいにスタートする。

オ 休まずにどんどん進む。

カ とある町のできごとであった。

(7)	(9)
・	・
(8)	(10)
・	・

3

次の各文の——線部の語と同じ働きのものを、それぞれあとのア〜エから選んで、記号で答えなさい。〈7点×4〉

(1) 雪の降り積もった往来に、老人がたたずんでいる。

ア 登山に用いる靴（くつ）は、履（は）き慣れているのがよい。

イ 十一月だというのに、外は春のような陽気だ。

ウ　もう少しの努力で、目標の頂上にたどり着く。
エ　君の考えていることは、だいたい想像がつく。

(2) 読みかけの本にしおりをはさんでおく。
ア　二月の半ばなのに暖かな陽気が続く。
イ　自分の部屋を片付け、きれいにする。
ウ　新しい建物のイメージを設計図に示す。
エ　先輩がしてきたように後輩を指導する。

(3) ロボットの開発者でさえ、ロボットが次にどのような動作をとるか、予測できなくなる。
ア　それは小学生にさえ解ける簡単なクイズだ。
イ　夜には雨が降り、雷さえ鳴り出した。
ウ　弟も静かにさえしていれば怒られないのに。
エ　彼はひまさえあれば本を眺めている。

(4) そんなところに寝転がると服が汚れるよ。
ア　もう帰ろうかと弟に言った。
イ　友人と二人だけで出かける。
ウ　焦らずゆっくりとやりましょう。
エ　少しは休まないと体に障ります。

(1)	(2)	(3)	(4)

---

4 次の例文の――線部「来る」を意味を変えずに、前後のつながりを考え、「…のですか。」に続くように敬語を正しく直して書きなさい。〈8点〉

このフォーラムに校長先生は来るのですか。

のですか。

5 次は、道子さんが、他県の中学生に自分の町のよさを紹介したスピーチの冒頭の部分である。これを読んで、あとの問いに答えなさい。〈8点×2〉

「私が住んでいる町には、美しい海に面した自然公園があります①。その公園のよさは、静かだ②。私の町に来て、ぜひ公園を訪れて下さい。……」

(1) ――線①の敬語の種類として最も適当なものを、次のア～ウから選んで、記号で答えなさい。
ア　尊敬語　　イ　謙譲語　　ウ　丁寧語

(2) ――線②を書き直して、「その公園のよさは」から始まる一文を、主・述の関係と敬語の使い方がともに適切な文としたい。「静かだ」という形容動詞を使って、――線②を適当に表現しなさい。なお、「静かだ」は活用させてもかまわない。

(1)	(2)

②

■ 編著者　新国語研究会

吉岡哲	赤崎伸一	坂井利三郎	杉原米和
堀口清孝	三井庄二	宮島茂樹	矢崎博司
山形明子	渡邉善正		

□ 編集協力　㈱プラウ21（片野真衣）　福岡千穂

□ 本文デザイン　小川純（オガワデザイン）　南彩乃（細山田デザイン事務所）

シグマベスト
実力アップ問題集
中学国文法

編著者　新国語研究会
発行者　益井英郎
印刷所　中村印刷株式会社
発行所　株式会社文英堂
〒601-8121　京都市南区上鳥羽大物町28
〒162-0832　東京都新宿区岩戸町17
（代表）03-3269-4231

●落丁・乱丁はおとりかえします。

ΣBEST シグマベスト

実力アップ問題集

EXERCISE BOOK | JAPANESE

解答・解説

中学国文法

文英堂

1章 文法の基礎

❶ ことばの単位

p.8 基礎問題の答え

1 四

解説 文の切れ目は句点(。)で判断できる。問題の文章は、句点が四つあるので、四つの文からなっているとわかる。

2 (1) 文節＝三　単語＝六　(2) 文節＝三　単語＝四
(3) 文節＝五　単語＝八　(4) 文節＝五　単語＝八

解説 文節の切れ目を「／」で、単語を——線で示す。
(1) 桜　の／花　が／咲い　た。
(2) 線路　が／まっすぐに／続く。
(3) 丘　の／上　から／小さな／村　が／見える。
(4) 私　は／毎日、／猫　に／えさ　を／やる。

3 (1) 四　(2) 六　(3) 六　(4) 二

解説 問題の各文に句点をつけると次のようになる。
(1) ご飯はお米をたいて作ります。お米は田んぼで作りますが田んぼに植えてあるのはお米とは言いません。それは稲と言います。稲とお米はどう違うのでしょうか。
(2) 朝起きると雨が降っている。これではハイキングは中止だろう。太郎がそう考えていると電話が鳴った。太郎は受話器を取る。昭男が残念そうな声で話しだした。太郎はがっかりしているのが自分だけではないことを理解した。
(3) ただいま。お帰りなさい。おなかへっちゃった。すぐ食事にしますからね。手を洗ってきなさい。はい。
(4) オープンしたばかりのきれいなレストランで気持ちよく働いてみませんか。くわしいことを知りたい人は電話でおたずねください。

p.9 標準問題の答え

1 (1) 四　(2) 五　(3) 五　(4) 六　(5) 七　(6) 八

解説 問題の各文を文節でくぎると次のようになる。
(1) 青い／海が／どこまでも／広がる。
(2) 食後に／歯を／みがく／習慣を／つけよう。
(3) 東京から／京都まで／新幹線に／乗って／旅行した。
(4) 彼の／お兄さんは／自転車で／学校に／通って／いました。
(5) この／本を／読むと、／なんだか／勇気が／出て／きます。
(6) しとしとと／冷たい／雨が／降ったので、／外出する／気持ちも／失せて／しまった。
(4)の「通って／いました」、(5)の「出て／きます」、(6)の「失せて／しまった」が、それぞれ二文節になることに注意しよう。

2 (1) 六　(2) 九　(3) 八　(4) 九　(5) 十一
(6) 十二

解説 問題の各文を単語でくぎると次のようになる。
(1) 赤い｜車｜が｜高速道路｜を｜走る。

(2) 母｜と｜父｜は｜仲｜の｜良い｜夫婦｜です。
(3) みんな｜で｜明るい｜社会｜を｜築き｜ましょ｜う。
(4) 田中君｜が｜この｜本｜を｜ここ｜に｜置い｜た。
(5) 食事｜は｜ゆっくり｜時間｜を｜かけ｜て｜する｜の｜が｜いい。
(6) 日本｜の｜上空｜に｜梅雨前線｜が｜あっ｜て、｜全国的に｜雨｜でしょ｜う。

(3)の「ましょ｜う」や(6)の「でしょ｜う」は二単語。(6)の「全国的に」は、基本形が「全国的だ」となる一つの単語である。

3
(1) **文節＝五　単語＝九**　(2) **文節＝六　単語＝十**
(3) **文節＝八　単語＝十四**　(4) **文節＝八　単語＝十七**
(5) **文節＝六　単語＝十三**　(6) **文節＝七　単語＝十六**

解説 文節の切れ目を「／」で、単語を｜線で示す。
(1) 必要な／荷物｜だけ｜を／持っ｜て／引っ越し｜を／する。
(2) 故郷｜の／海｜を／思い出す｜と／胸｜が／いっぱいに／なる。
(3) あの／人｜に／どこか｜で／会っ｜た／こと｜が／ある／ような／気｜が／する。
(4) 兄｜は／病気｜で／寝｜て／い｜ます｜ので、／みなさん｜に／会う／こと｜は／でき｜ませ｜ん。
(5) あわて｜て／食べ｜たり／飲ん｜だり／し｜て｜は／体に／悪い｜よ。
(6) 昨日｜から｜の／豪雨｜で、／河川｜の／増水｜や／決壊｜が／心配さ｜れ｜て／い｜ます。

(1)の「引っ越しを」や(2)の「思い出すと」は一文節である。(1)の「必要な」や(2)の「いっぱいに」は、基本形がそれぞれ「必要だ」「いっぱいだ」となる一単語、(1)の「引っ越し」や(2)の「思い出す」も一単語、(6)の「心配さ」は、基本形が「心配する」となる一単語である。

定期テスト対策
文節や単語は、ことばの働きや種類などを考えていくときの基本的な単位となるので、特に重要である。しっかりと分けることができるようにしておこう。

2 文節の働きと文節相互の関係

p.12 基礎問題の答え

1
(1) **光った**　(2) **励ました**　(3) **教会です**
(4) **盆踊りが**　(5) **海が**　(6) **朝日が**

2
(1) **寒いのに・接続語**　(2) **小林君・独立語**
(3) **わがまま・独立語**　(4) **しかし・接続語**

解説 提示を示す独立語のあとには、それを指す指示語がくることがよくある。(3)では、「それ」がきている。

3
(1) **ウ**　(2) **エ**　(3) **イ**　(4) **オ**　(5) **ウ**　(6) **ア**

解説 (1)と(5)は、それぞれ「弾く」と「台風」を修飾（しゅうしょく）している。(2)は独立している文節で、それを取り除いても文の意味は通じる。(3)は「どうする」と、主語を説明している。(4)のような補助する文節は「くる」「いる」「ない」など、その数は多くない。(6)は「何(だれ)が(は)」を示している。

p.13 標準問題の答え

1

(1) **主語＝花が　述語＝咲いた**

(2) **主語＝私は　述語＝歩いた**

(3) **主語＝彼は　述語＝買いました**

(4) **主語＝加藤さんは　述語＝出かけた**

(5) **主語＝それは　述語＝山だ**

解説　述語はふつう文末にあるので、述語を先に見つける。それから、その述語に対応する主語を見つける。(5)の「富士山」は独立語で、「それは」が主語。

2

(1) **美しい→空が　はてしなく→広がる**

(2) **この→道は　まっすぐ→続く　牧場へ→続く**

(3) **出発の→時間を　時間を→確かめた**

(4) **いろいろな→お菓子を　お菓子を→食べた**
おいしそうに→食べた

解説　修飾語を受ける文節はすぐ下にくるとは限らないので、注意が必要である。

3

(1) **カ**　(2) **ウ・エ**　(3) **ア・エ**　(4) **イ・エ・オ**

解説　答えが二つ以上ある場合は次のように分解して考える。

(2)「きれいな絵を」「絵を見せてくださった」

(3)「赤いチューリップが」「チューリップが並んでいる」

(4)「雨は降っているが」「激しく降っているが」「降っているが、出かけなければならない」

定期テスト対策
主・述の関係、修飾・被修飾の関係、接続の関係、独立の関係、並立の関係、補助の関係という六つの種類をしっかり理解しておこう。

3 文の成分

p.16 基礎問題の答え

1

(1) **述語**　(2) **独立語**　(3) **接続語**　(4) **修飾語**

(5) **主語**　(6) **接続部**　(7) **主部**　(8) **独立部**

(9) **述部**　(10) **修飾部**

解説　(1)～(5)の——線部はそれぞれ一文節なので「～語」、(6)～(10)の——線部はそれぞれ二文節以上なので「～部」と答える。(4)の「きっと」は「きっと～だろう」という呼応関係にある修飾語である。(3)の「しかし」と見かけはよく似ているが、働きはまったく異なる。

2

(1) **こんな間違いは、もう二度としないぞ。**

(2) **君たち、よく聞くんだ。**

(3) 例 **映画に(ぼくたちと／いっしょに)**

(4) 例 **おかけください(おすわりください)**

解説　(1)・(2)→ふつう、述語(述部)は文の終わりにある。述語(述部)がほかの文の成分より前にくることを倒置という。

(3)・(4)→話の場面やことばの続きぐあいで意味がよくわか

る場合、文の成分が省略されることがある。なお、（　）に示したような答えも考えられる。

p.17 標準問題の答え

1

(1) あの時、公園の桜がとてもきれいに咲いていた。
(2) 空が明るくなったから、雨はもうじきやむだろう。
(3) 台風が接近しているので、気圧がどんどん低くなる。
(4) 六時になったので、私はもう行かなければならない。
(5) 私はお父さんにプレゼントするネクタイを買った。
(6) 赤いドレスを着た若い女性はみんなから見られていました。
(7) みんなの注目を浴びること、それを彼女は求めていました。
(8) いや、それはみんなの思い違いかもしれません。
(9) こんなパーティーの場面から、話題のミステリー小説は始まる。

解説

(3)の「台風が」は文節としては主語の働きをしているが、それは「台風が接近しているので」という接続部の中でのことである。ここでは文の成分としての主語を答える。(4)の「もう」は修飾語。(5)は「買った」という述語を修飾するものすべてを答える。(6)は文の成分としての修飾語は「みんなから」のみである。(7)の「それを」は修飾語、(8)の「それは」は主語である。

2

(1) あなたが探しているのは これですか。
主　部　　述　語
(2) 母がとてもおいしいケーキを作った。
主語　修　飾　部　　述語
(3) 今まで見えていた山が 霧で 急に 見えなくなった。
主　部　　修飾語　修飾語　述　部
(4) つかれたので、ぼくは 早く 寝るよ。
接続語　主語　修飾語　述語
(5) やれやれ、やっと 仕事が 終わった。
独立語　修飾語　主語　述語

解説

(1)は「あなたが」が主語のように見えるが、述語「これですか」に対応するのは、「あなたが探しているのは」全体になる。(3)の「霧で」と「急に」は、位置を入れかえても、文の意味が通じるので、それぞれ別の修飾語である。

定期テスト対策

文節の働きを考える場合と文の成分を考える場合は、分けて考える必要がある。文の成分を問われたときは、まとまった意味を表す文節（連文節）を考えるようにしよう。

4 単語の種類

p.20 基礎問題の答え

1

(1) 夕食|を|食べ|て|から|勉強|を|し|よう。
(2) ほら、|青い|海|の|ずっと|向こう|に|船|が|見える。
(3) 食事|を|する|時間|は|ない|ようだ。

解説 自立語は、文節の先頭に、一文節につき一つしかないので、自立語を見つけるには文節に分けてみるとよい。一方、付属語は、一文節に一つもないこともあれば、たくさんあることもあるので注意しよう。

2
(1) 夕日 が とても 美しい。
(2) 友だち と 電話 で 話し ます。
(3) 約束 の 時間 は 正確に 守れ。

3
(1) ① 副詞 ② 助動詞 (2) ① 助詞 ② 形容詞
(3) ① 連体詞 ② 形容動詞 (4) ① 感動詞 ② 名詞
(5) ① 動詞 ② 接続詞

解説 (3)の「静かな」、(5)の「降っ」は、言い切りの形がそれぞれ「静かだ」「降る」になる。

4
① ○ ② × ③ ○ ④ × ⑤ ○ ⑥ ○
⑦ × ⑧ ○ ⑨ ○ ⑩ ○ ⑪ ×

解説 ②は動詞「ある」、④は動詞「くれる」、⑦は感動詞、⑪は副詞「どうぞ」の一部である。

p.21 標準問題の答え

1
(1) 小学校の／ころの／友だちから／メールが／来た。
(2) 私は／海よりも／山に／行きたいのです。
(3) やさしい／問題から／とりかかりましょう。
(4) そんな／ことで／よいので／あろうか。
(5) 私は／湖畔を／散歩して／みたいと／思って／います。

解説 一つの文節には、一つの自立語しかないことを覚えておこう。

2
(1) 形容詞 (2) 動詞 (3) 名詞 (4) 名詞
(5) 動詞 (6) 名詞 (7) 動詞

解説 (3)と(5)は形容詞「痛い」から、(4)は動詞「痛む」から転成したものである。(6)は動詞「泳ぐ」から転成した名詞である。(7)は「何しにいきましたか」という疑問文を思い浮かべると、「し」は動詞「する」の変化した形なので、「に」の直前は動詞だとわかる。

3
① 名詞 ② 助詞 ③ 副詞 ④ 副詞
⑤ 助動詞 ⑥ 助動詞 ⑦ 形容詞 ⑧ 助動詞
⑨ 連体詞 ⑩ 感動詞 ⑪ 接続詞 ⑫ 形容動詞
⑬ 名詞 ⑭ 動詞 ⑮ 助動詞

解説 ①のようにアルファベットで表記されている語も国語として扱う。意味や働きを考えよう。⑤は形容詞と間違えやすいので注意が必要。⑩は③のように副詞として使われることもあるが、ここでは感動詞である。文脈から判断しよう。

定期テスト対策
品詞の識別は、品詞分類表をしっかりと覚えて、完全に区別ができるようになっておこう。

2章

名詞(体言)

5 名詞の性質・種類

p.24 基礎問題の答え

1 (1) 十国峠・富士山 (2) 辞書・漢字・読み・意味
(3) 内容・順序

解説 (2)の「読み」は、動詞「読む」の連用形からできた転成名詞である。(3)の「発表」は、動詞「発表する」の語幹部分で、名詞ではない。

2 普通名詞＝客船・お菓子・甘み・蜂・獲物・才能・実験・桜・背丈・バス・窓・葉
固有名詞＝東京湾・中国・エベレスト・坂井先生
数　　詞＝数年
代 名 詞＝ぼく・こちら・私・それ
形式名詞＝はず

解説 (6)の「数年」には、数字は入っていないが、数詞として扱(あつか)われる。(3)や(5)の「この」や(6)の「その」は、指示語だが、代名詞ではなく、連体詞になる。

p.25 標準問題の答え

1 (1) 乾き・動詞 (2) 多く・形容詞 (3) 務め・動詞
(4) 近く・形容詞 (5) 結び・動詞 (6) 走り・動詞
(7) 思い・動詞 (8) 飾り・動詞

解説 それぞれ、次の品詞の連用形から転成した名詞である。(1)は動詞「乾く」、(2)は形容詞「多い」、(3)は動詞「務める」、(4)は形容詞「近い」、(5)は動詞「結ぶ」、(6)は動詞「走る」、(7)は動詞「思う」、(8)は動詞「飾る」。

2 問一 アメリカ合衆国／ワシントンD.C.／ポトマック川／南北戦争／ホワイト・ハウス
問二 一〇〇平方マイル・二〇世紀・六〇万人
問三 遅れ
問四 こと・ところ・もの

解説 問三「遅(おく)れ」は動詞「遅れる」からの転成名詞である。
問四 いずれも実質的な意味は薄(うす)れて補助的・形式的に用いられている。

定期テスト対策
形式名詞は、もとの意味が薄れて、形式的な意味しかもたなくなったものである。「こと」「もの」「ところ」など限られているので、おもなものは覚えておこう。
動詞から転成した転成名詞は、「話(←話す)」「光(←光る)」のように送りがなのつかないものもあるので、注意しよう。形容詞から転成した転成名詞は「遠く(←遠い)」「近く(←近い)」「多く(←多い)」など、よく使われるものを覚えておこう。

6 代名詞／名詞の働き

p.28 基礎問題の答え

1 ① どれ ② こちら ③ あちら ④ そこ
⑤ あそこ ⑥ どこ ⑦ こっち ⑧ そっち
⑨ このかた ⑩ あのかた

問一 C
問二 E
問三 こそあど

2 問一 佐藤君・沖の・向こうに・客船が
問二 主語＝客船が　述語＝見えるよ
問三 連体修飾語＝沖の　連用修飾語＝向こうに
問四 独立語

解説 問一「まだ」は副詞、「白い」は形容詞、「見えるよ」は動詞＋助詞である。
問二 ふつう「は」「が」「も」をともなっているものが主語になる。
問三「沖の」は「向こうに」を修飾し、「向こうに」は「見えるよ」を修飾している。

p.29 標準問題の答え

1 (1) これ・どなた (2) 彼 (3) ぼく・君 (4) 誰
(5) どこ・どいつ・おまえ (6) 私たち・それ・そこ

解説 (2)の「そこで」は接続詞、「この」は連体詞。(3)の「そう」は副詞。(4)の「こんなに」、(5)の「そんな」は、それぞれ形容動詞「こんなだ」「そんなだ」である。(6)の「妹」は普通名詞で、代名詞ではない。

2 (1) カ (2) ア (3) ウ (4) エ (5) オ (6) ク
(7) イ

解説 (1)のような数詞や時を示す普通名詞は、単独で連用修飾語となることがある。また、会話や新聞の見出しなどでは、(7)のように単独で主語になることもある。

3 人物を示すもの＝あなた・誰・ぼく
物事を示すもの＝これ
場所を示すもの＝どこ・ここ
方角を示すもの＝あちら

解説 (1)の「お父さん」は普通名詞で、代名詞ではない。

定期テスト対策

何かを指し示すことばを「こそあどことば(指示語)」という。こそあどことばには、代名詞のほかに、次のような品詞に属するものがある。
連体詞…この・その・あの・どの
副詞…こう・そう・ああ・どう
形容動詞(の語幹)…こんな・そんな・あんな・どんな

p.30〜31 実力アップ問題の答え

1 (1) 八　(2) 七　(3) 九　(4) 十八

2 (1) 主部　(2) 述語　(3) 修飾部　(4) 独立部　(5) 接続部

3 (1) 私が思ったことは、私たちの生活を見直してもっと節電に協力したいということです。
(2) 弟と犬を私は探した。（私は、弟と犬を探した。）
(3) 旅立つ恋人を、彼女は手を振りながら見送った。（彼女は手を振りながら、旅立つ恋人を見送った。）

4 (1) 友人・メール・今・予定・出迎え
(2) 東京タワー・昭和・赤崎哲
(3) 一度・何度・八月・三七七六メートル
(4) 彼女・どこ・私・これ
(5) もの・こと・ところ

5 問一　A ③　B ④
問二　②・ところ　⑤・こと
問三　私たちは・男は・あれが・ことが
問四　会社だよ
問五　斎藤君

解説

1 問題の各文を文節でくぎると次のようになる。
(1) 人間では／作れない／豊かで／ユニークな／自然の／価値が／ある／はずだ。
(2) 柔軟な／目で／地域を／見て／いない／場合が／ほとんどだ。
(3) ほんの／四十年前は、／冬の／北海道に／わざわざ／観光に／行く／ことは／考えられなかった。
(4) 流氷は、／ごく／最近は／栄養分を／運んだり／育てたり／する／貴重な／ものだと／わかったが、／以前は／住民に／とっては／漁も／できないし、／ありがたい／ものでは／なかった。

2 **連文節か単文節かによって、「―部」と「―語」を使い分けよう。**(4)の「遅刻をしない」は、提示を表す言い方になっている。

3 (1)は主語（主部）と述語（述部）が正しく照応しないで、途中でねじれてしまっている。作文などを書くときにも十分気をつけよう。(2)と(3)は修飾語がどこにかかっているのかはっきりせず、文の意味があいまいになっている。ことばの順番を変えたり、読点を打ったりして意味を整える。

4 (1)は固有名詞や数詞が多くあるので注意する。「出発」は「出発する」という動詞である。「そちら」は代名詞である。(3)の「何度」も数詞である。(5)の「もの」「こと」「ところ」はもとの意味が薄れている。これが形式名詞の特徴である。

5 **問二　おもな形式名詞として、「こと」「もの」「ところ」「はず」「とおり」「ため」などを覚えておこう。**
問四　⑤の「大切だ」は形容動詞である。③の「会社だよ」との違いに注意する。

3章 副詞・連体詞

7 副詞

p.34 基礎問題の答え

1

(1) イ (2) ウ (3) エ (4) ア (5) オ

解説 「ぴよぴよと」と「ぴよぴよ」のように、同じ副詞でも最後に「と」がつく場合とつかない場合とがある。どちらも意味に変わりはないが、(4)のように「と」がないと意味が通じない場合もある。

2

(1) ①○ ②× (2) ①○ ②×

解説 もともと副詞であったことばでも、**意味や用法が変わって接続詞や感動詞に転成した語もある。**(1)の②の「ちょっと」は呼びかけの意味の感動詞、(2)の②の「なお」は累加の意味の接続詞である。

3

(1) ウ (2) キ (3) カ (4) イ (5) エ (6) ア (7) オ

解説 (5)の「さぞ」は、推量の言い方と呼応して、人の感情・境遇などに共感する場合に用いる。また、「決して〜ない(打ち消し)」と「まさか〜まい(打ち消しの推量)」のように、よく似た言い方に注意しよう。

p.35 標準問題の答え

1

(1) 弾きます (2) あとの (3) しっかり (4) 大きな (5) 寒い

解説 程度の副詞は、用言の文節を修飾するばかりでなく、体言の文節や副詞・連体詞などを修飾することがある。体言の文節を修飾する場合、その体言は、場所・時間・方向・数量などを表すことが多いので覚えておこう。

2

(1) ようやく→届いた

(2) にっこり→ほほえみながら

(3) どうして→難しいのだろう こう→難しいのだろう

(4) とても→疲れたので さっさと→寝よう

(5) すっかり→変わった ひらりひらりと→舞って

解説 (2)の「にっこり」は、「おじぎした」に係るのではない。(3)の「どうして」は、疑問の意味の助詞や推量の意味の助動詞と呼応する。(5)の「ひらりひらりと」のような**擬態語**も副詞である。

3

(1) ない(まい) (2) でも (3) だろう (4) な (5) ください

解説 それぞれ呼応する語の意味は、(1)打ち消し(打ち消しの推量)、(2)仮定、(3)推量、(4)禁止、(5)願望である。(4)のように「決して」は、禁止の言い方と呼応することもある。

定期テスト対策

副詞には、状態の副詞、程度の副詞、呼応の副詞の三種類があるが、特に呼応の副詞は、下の受ける文節に特別な言い方を要求するので、きちんとおさえておこう。

8 連体詞

p.38 基礎問題の答え

1 (1) あの　(2) たいした　(3) ある　(4) いわゆる
(5) 来る　(6) その

2 (1) ① ○　② ×　(2) ① ×　② ○
(3) ① ×　② ○　(4) ① ○　② ×

解説 (2)の①の「ある」は存在の意味を表す動詞で、②の「ある」は特定のものを限定しないで指す連体詞である。

3 (1) イ　(2) ウ　(3) イ　(4) ア　(5) イ

解説 体言の文節に連なる形が「―い」となるのは形容詞である。また、「―な」となるものには連体詞と形容動詞があるが、言い切りの形が「―だ」になれば形容動詞である。

p.39 標準問題の答え

1 ある　あの　いわゆる　その
大きな　この

2 (1) この→公園は　(2) 来る→十月十日に
(3) たいした→ことは　(4) あの→チョウは
(5) いかなる→国とも　(6) とんだ→間違いだった
(7) いろんな→できごとが
(8) 例の→事件で　おかしな→町だ

解説 連体詞は必ず体言の文節に係る。ここでは、体言だけでなく、文節ごとぬき出そう。

定期テスト対策

連体詞はおもなものが限られているので、形に注意しながら、覚えておこう。「大きな」であれば連体詞で、「大きい」であれば形容詞になる。

4章 接続詞・感動詞

9 接続詞

p.42 基礎問題の答え

1 (1) そして　(2) それに　(3) だから　(4) たとえば
(5) つまり

解説 接続詞は、ふつう文頭にくるが、(4)の「たとえば」や(5)の「つまり」のように、文中に用いられる場合もある。

2 (1) ケ　(2) カ　(3) オ　(4) キ　(5) ア　(6) イ
(7) ウ　(8) エ　(9) ク　(10) イ　(11) カ

解説 接続詞を補充する問題は、前後の文と文、語と語の関係をよく考えて答えよう。

p.43 標準問題の答え

1 (1) つまり・カ　(2) さて・キ　(3) それから・ウ
(4) また・エ　(5) それで・ア　(6) ゆえに・ア
(7) なのに・イ　(8) しかし・イ　(9) もしくは・オ
(10) だから・ア　(11) それとも・オ　(12) それに・ウ
(13) けれども・イ

2 (1) ① ア　② イ　(2) ① ア　② イ
(3) ① エ　② イ　(4) ① イ　② オ
(5) ① ウ　② イ

解説 接続詞と助詞(接続助詞)のついた語との区別がきちんとできるようになっておこう。(3)の①は、動詞「する」に助詞「と」がついたもの、(5)の①は、形容動詞「好きだ」の終止形の活用語尾「だ」に助詞「から」がついたものである。

定期テスト対策
接続詞の種類には、順接、逆接、累加(添加)、並立(並列)、対比・選択、説明・補足、転換がある。それぞれの働きをしっかりと確認しておこう。

10 感動詞

p.46 基礎問題の答え

1 (1) イ　(2) ア　(3) エ　(4) ウ　(5) オ

解説 (2)の「おや」は、驚きを表す感動詞で、分類では「感動」に含める。

2 (1) 感動詞　(2) 感動詞　(3) 名詞　(4) 感動詞
(5) 名詞

解説 独立語には、感動詞と名詞がなることができる。独立語＝感動詞ではない。

3 あっ・ほら

p.47 標準問題の答え

1 (1) ① ○　② 名詞　(2) ① ○　② 副詞
(3) ① 名詞　② ○　(4) ① 名詞　② ○

解説 感動詞の中には、「こそあどことば」と同じ形のものがある。名詞「これ」「それ」「あれ」「どれ」や副詞「ああ」「そう」などには注意しておこう。

2 **感　動＝えっ・あっ**
呼びかけ＝ねえ・ほら
応　答＝ええ・はい
あいさつ＝おはよう・おはようございます

定期テスト対策
感動詞は、ふつう文の先頭にきて、感動・呼びかけなどを表す。文の先頭に注意して見つけるようにしよう。

p.48〜49 実力アップ問題の答え

1 問一 (1) イ (2) ウ (3) エ (4) カ (5) ア (6) オ
問二 ① イ ② イ ③ ア ④ ウ ⑤ ア ⑥ ア

2 問一 A イ B エ C カ D ウ
問二 A f B f C b D d

3 こんにちは・ウ いらっしゃい・ウ あら・ア ええ・イ

4 (1) 大きな→台風が (2) あの→山に
(3) あらゆる→国に (4) たいした→ものだ
(5) おかしな→行動を (6) とんだ→災難に
(7) 去る→十日に

解説

1 **問二** ③の「さっと」や⑥の「ちらりと」のような**擬態語**(ぎたい)**は、状態の副詞になる。**④の「どうして」は、疑問の言い方と呼応する呼応の副詞である。⑤の「ときどき」は、「読む」動作が繰り(く)返し行われることを表している状態の副詞である。

2 **問一 接続詞は、その前後をよく読んで補っていく。B**は、あとに「〜からだ」とあるのを見落とさないようにしよう。

3 「ちょっと」は、呼びかけの感動詞として用いられることもあるが、ここでは副詞である。

4 「修飾(しゅうしょく)する文節をぬき出しなさい」といわれているのに注意しよう。体言だけをぬき出すと間違(まちが)いになる。(1)は、「大きい」であれば形容詞だが、「大きな」は連体詞になる。

5章 動詞

⑪ 動詞の性質・活用

p.52 基礎問題の答え

1 イ・エ・カ・コ

解説 ア・キ・サは形容詞、ウは形容動詞、オ・ク・シは名詞、ケは副詞である。

2 (1) 行く　(2) 来る　(3) 着る　(4) 集める　(5) 信じる

3 (1) 動詞　(2) 動詞　(3) 名詞　(4) 形容詞　(5) 形容動詞　(6) 動詞

解説 (3)は活用しないので動詞ではない。(4)と(5)は言い切りの形がそれぞれ「い」「だ」になっている。

4 (1) 降ら　(2) ぬらし　(3) 来る　(4) し　(5) 試み　(6) 見つめ　(7) 見え　(8) 待つ　(9) 読め

解説 (1)は未然形、(2)は連用形、(3)は終止形、(4)は連用形、(5)は未然形、(6)は連用形、(7)は連用形、(8)は連体形、(9)は仮定形。

p.53 標準問題の答え

1 (1) 言う　(2) かざる　(3) 渡る　(4) 迎える　(5) 休む　(6) 吹く　(7) 起きる　(8) する　(9) 聞こえる　(10) 来る

解説 どこまでが動詞の活用語尾(ごび)なのかを見極めるのが難しいので、まず、動詞の活用をしっかり覚えておこう。

2 (1) 動か・未然形　(2) 動け・仮定形　(3) 動き・連用形　(4) 動こ・未然形　(5) 動く・連体形

解説 活用形は下にどのような語が連なっているかで判断しよう。

3 (1) 立・つ　(2) 騒・ぐ　(3) 負・ける　(4) ×　(5) ×　(6) ×　(7) 起・きる　(8) ×　(9) 飛び立・つ　(10) ×

解説 それぞれの動詞を活用させてみて、形の変わる部分と変わらない部分を見つけよう。

定期テスト対策
動詞は、活用する自立語で、言い切りの形がウ段の音で終わる単語である。ウ段で終わっているかだけでなく、活用するかどうかをきちんと確認(かくにん)しよう。

⑫ 動詞の活用の種類

p.56 基礎問題の答え

1 (1) イ　(2) ウ　(3) オ　(4) ア　(5) エ
(6) イ　(7) ア　(8) ア

2 (1) こ　(2) き　(3) くる　(4) くれ　(5) せ
(6) すれ　(7) さ

解説 カ行変格活用とサ行変格活用の動詞の活用を、しっかりと覚えておこう。

3 (1) ウ・A　(2) ウ・F　(3) ウ・D　(4) ア・E
(5) イ・C　(6) ウ・B　(7) イ・A　(8) ア・B
(9) ウ・A　(10) イ・B

解説 (3)の基本形は「間違える」。「間違う」ならば、「間違って」となる。(6)の基本形は「見せる」。「見る」ならば、「見て」となる。

p.57 標準問題の答え

1 (1) 下一段活用・未然形　(2) 下一段活用・連用形
(3) 上一段活用・連用形　(4) 五段活用・仮定形
(5) 五段活用・未然形　(6) 下一段活用・終止形

解説 動詞の活用の種類と活用形は頻出問題。活用の種類は、「来る」と「する」以外は、下に「ない」をつけて見分けよう。直前の語がア段なら五段活用、イ段なら上一段活用、エ段なら下一段活用である。

2 イ音便＝イ・ウ　促音便＝カ・ク　撥音便＝エ・キ

解説 音便になるのは五段活用の動詞だけである。イ音便(「い」になる)、促音便(「っ」になる)、撥音便(「ん」になる)は、「た(だ)」や「て(で)」をつけて見分けよう。

3 問一 ① 五段活用・仮定形　③ サ行変格活用・連用形
問二 カ行変格活用・連用形・き
問三 待つ

解説 問三 答えのぬき出す部分に気をつけよう。

⑬ 動詞の種類・働き

p.60 基礎問題の答え

1 (1) 浮かべる　(2) 起きる　(3) 続ける　(4) 覚ます
(5) 消える　(6) 立てる　(7) 止める　(8) 変える
(9) 閉じる

解説 (9)のように、自動詞と他動詞が同じ形になるものもあるので、気をつけよう。また、「ある」「来る」などは自動詞だけで、「読む」「投げる」などは他動詞だけしかない。

2 (1)・(3)

3 (1) エ　(2) ウ　(3) ウ　(4) ア　(5) イ　(6) ア
(7) エ　(8) ウ　(9) イ　(10) ウ

解説 (1)・(7)のように、動詞を含む文節が接続語になるときには、助詞「て」「ば」「と」などをともなう。また、(4)・(6)のように、主語になるときには、助詞「の」と「が」「は」「も」などをともなう。(5)は主語が省略されているが、述語である。なお、動詞を含む文節は、それだけでは独立語にはならない。

p.61 標準問題の答え

1 オ・ケ

解説 それぞれに対応する他動詞を示す。アは「折る」、イは「進める」、ウは「集める」、エは「当てる」、カは「鳴らす」、キは「散らす」、クは「届ける」、コは「乱す」である。

2 (1) おく (2) き (3) ある (4) ある (5) いき

3 (1)・(2)・(6)・(8)

解説 補助動詞を見つけるには、「〜て(で)」の形を探そう。(3)は「忘れて見入る」と「〜て」の形であるが、「見入る」は補助動詞ではない。また、(7)は「収納する」という意味の本来の動詞「しまう」である。

4 (1) ア (2) エ (3) イ (4) ウ (5) ア (6) ア (7) エ (8) イ

解説 (2)は「見られる」、(7)は「寝られ(ない)」が正しい表現である。(4)は可能動詞と同じ形をしているが、「〜することができる」という意味はもっていない。

定期テスト対策

動詞の音便は、五段活用の連用形にしか現れないが、五段活用でも、サ行五段活用の語には音便は生じない。

可能動詞は五段活用の動詞からしか作れないことを覚えておこう。「見れる」「着れる」などは、「ら抜きことば」といって、文法的には誤った使い方である。

p.62〜63 実力アップ問題の答え

1 (1) 下一段活用・終止形 (2) 上一段活用・連体形 (3) 下一段活用・未然形 (4) 五段活用・連体形 (5) 下一段活用・連用形

2 (1) 負ける・ア (2) 集める・イ (3) 鳴く・ウ (4) 家族・オ (5) する・エ

3 問一 ① 下一段活用・連用形 ② 上一段活用・連用形
問二 よみがえっ
問三 くるん
問四 いる

4 (1) 飲める (2) × (3) 聞ける (4) × (5) 歌える (6) 呼べる (7) × (8) 取れる

5 (1) ア (2) エ (3) ウ (4) イ (5) ウ (6) エ (7) イ (8) ア (9) ウ (10) エ

解説

1 (3)の「よう」につくのは未然形。(4)の「暮らす」をサ行変格活用としないように。(5)の「ます」につくのは連用形である。

2 (1)の「負ける」は自動詞、他動詞は「負かす」である。(2)の「集める」は下一段活用の動詞で、可能動詞ではない。

3 **問三** 動詞にあたる部分だけをぬき出す。促音便と撥音便の違いを覚えておこう。

問四 **補助動詞は「〜て(で)」という形の文節につく。** 補助動詞の数は少ないので、おもなものは覚えておこう。

4 (2)はカ行変格活用、(4)は下一段活用、(7)は上一段活用で、**五段活用ではないので可能動詞は作れない。**

5 (2)は「けれど」をともなって接続語、(3)は「ながら」をともなって連用修飾語、(6)は「と」をともなって接続語、(10)は「ば」をともなって接続語になっている。

6章 形容詞・形容動詞

⑭ 形容詞の性質・活用

p.66 基礎問題の答え

1 (1) 広い　(2) 悪く　(3) 高い　(4) つらかろ
(5) 楽しい　(6) よい

解説 (4)の「暑さ」は、形容詞「暑い」の語幹に接尾語「さ」がついてできた名詞である。

2 (1) ① 仮定形　② 未然形　(2) ① 連体形　② 連用形
(3) ① 連用形　② 終止形　(4) 連用形

解説 **形容詞の活用は一種類なので、きちんと覚えておこう。** (4)の「暑う」はウ音便の形で、連用形である。

3 (1) 正しい　(2) 正しけれ　(3) 正しかろ
(4) 正しく　(5) 正しい

解説 あとに続く語に気をつけて活用させよう。(1)の「のに」には連体形で接続する。そのほかの活用形は、(2)は仮定形、(3)は未然形、(4)は連用形、(5)は連体形である。

4 (1) ようございます　(2) さむうございます
(3) たこうございます　(4) すくのうございます
(5) おおきゅうございます　(6) あたらしゅうございます

解説 形容詞の連用形に「ございます」や「存ずる」がつくと、活用語尾の「く」が「う」に変化する。これをウ音便という。活用語尾だけでなく、語幹の一部も変化することがあるので注意しよう。

p.67 標準問題の答え

1 真っ白い・険しく

2 (1) 美しい・連体形　(2) 楽しけれ・仮定形
(3) 悲しい・終止形　(4) 明るく・連用形
(5) おもしろかっ・連用形　(6) うれしかろ・未然形
(7) 眠く・連用形

解説 形容詞は、終止形と連体形が同じ形になる。どちらなのかは、下に続く語によって見分けよう。

3 (1) ① 連体詞　② 形容詞　(2) ① 名詞　② 形容詞
(3) ① 副詞　② 形容詞　③ 動詞

解説 (1)の①「大きな」は体言「車」を修飾する連体詞である。②「速」は形容詞「速い」の語幹である。(3)の①「すっかり」は物事の程度や状態を示す副詞である。

定期テスト対策
形容詞を見分けられるようにしておこう。活用のある自立語で、言い切りの形が「い」で終わるのが形容詞である。

15 形容動詞の性質・活用

p.70 基礎問題の答え

1 (1) きれいに　(2) 必要だ　(3) 緩やかだっ
(4) なだらかな　(5) 高圧的で　(6) 穏やかなら
(7) 専門的だろ　(8) すてきです

解説 形容動詞は活用語尾にさまざまな形があるので、ぬき出すときに注意しよう。

2 (1) ① 連用形　② 連用形　(2) ① 連用形　② 連体形
(3) ① 仮定形　② 終止形　(4) ① 仮定形　② 未然形

解説 「だ」で終わる形容動詞には連用形が三つあるので注意しよう。また、(3)の①「好きなら」のように、「ば」がなくて仮定形だけで使われることもある。

3 (1) 元気で・連用形　(2) 容易に・連用形
(3) 便利な・連体形　(4) きれいなら・仮定形

解説 形容動詞は、活用形によって活用語尾がすべて異なるので、活用さえ覚えておけば活用形を答えるのは容易である。ただし、(3)の「スーパーで」のように、名詞＋助動詞「だ」が、形容動詞と似た形になるので注意しよう。

p.71 標準問題の答え

1 清らかで・ほのかな

解説 「小さな」は、活用しないので連体詞である。

2 (1) だ(です)　(2) だっ(でし)　(3) だろ(でしょ)
(4) に

解説 ――線部は形容動詞の語幹である。あとに続く語に注意して活用語尾を考えよう。それぞれの活用形は、(1)は終止形、(2)は連用形、(3)は未然形、(4)は連用形である。(1)〜(3)は、( )の形でも正解。

3 (1) **りっぱだろ・未然形** (2) **りっぱだ・終止形**
(3) **りっぱだっ・連用形** (4) **りっぱな・連体形**
(5) **りっぱなら・仮定形** (6) **りっぱに・連用形**

解説 (5)は、「ば」がついていないが、仮定形である。

4 (1) **こんな** (2) **どんな** (3) **そんな** (4) **同じな**
(5) **同じ**

解説 形容動詞「こんなだ(こんなです)」「そんなだ(そんなです)」「あんなだ(あんなです)」「どんなだ(どんなです)」と「同じだ(同じです)」は連体形に注意する。体言につながる場合にはそれぞれ語幹でつながるが、「同じだ(同じです)」は、「の」「のに」「ので」などにつながる場合だけ、「同じな(のに)」になる。

定期テスト対策
形容動詞を見分けられるようにしておこう。活用のある自立語で、言い切りの形が「だ」「です」で終わるのが形容動詞である。活用すると語尾が「―で」や「―に」にもなるので、注意が必要である。

⑯ 形容詞・形容動詞の用法

p.74 基礎問題の答え

1 (1) **遠い・形容詞・述語**
(2) **楽天的だっ・形容動詞・述語**
(3) **よけれ・形容詞・接続語**
(4) **にぎやかな・形容動詞・連体修飾語**
(5) **おもしろ・形容詞・述語**

解説 (5)のように、助動詞「そうだ(様態)」につく場合、語幹でつながるので注意しておこう。

2 (1)・(4)・(6)

解説 (2)の「ない」は本来の意味の形容詞。(3)・(5)の「ない」は助動詞である。

3 (1) **親しい・親しむ** (2) **苦しい・苦しむ**
(3) **眠い・眠る** (4) **楽しい・楽しむ**
(5) **低い・低める**

解説 (1)は動詞「親しめる」、(3)は形容詞「眠たい」、動詞「眠らす」、(5)は動詞「低まる」などでもかまわない。

p.75 標準問題の答え

1 **ウ・エ・オ・カ・ク・コ・サ**

解説 形容動詞の語幹となる語は、「な」をつけて、その下に適当な体言(名詞)をつけて見分ける。たとえば「有利な条件」「正当な主張」というような言い方ができれば形容動詞である。

2 (1) ア　(2) オ　(3) ウ　(4) イ　(5) オ　(6) エ
(7) ウ　(8) イ　(9) オ　(10) ア

解説 名詞や動詞、形容詞の語幹に形容詞がついたものを複合形容詞という。接頭語や接尾語がついた派生語の形容詞もある。(2)・(5)は、上の語と接尾語の間に促音「っ」が入っている。

3 ウ

解説 例文の「ない」は、補助形容詞の「ない」である。アは形容詞「きたない」の一部、イは本来の意味の形容詞。ウが補助形容詞。エは助動詞の「ない」である。

4 (1) ×　(2) ○　(3) ○

解説 (1)は「名詞＋だ」である。形容動詞は事物の性質や状態を表すものなので、前に「とても」をつけて意味が通じるかを考えるとよい。

p.76〜77 実力アップ問題の答え

1 (1) 古い・連体形　(2) きれいな・連体形
(3) 新しかっ・連用形　(4) 近けれ・仮定形
(5) 元気で・連用形　(6) おもしろく・連用形
(7) 現実的で・連用形　(8) 急に・連用形

2 (1)・(6)

3 (○をつけるほうの番号を示す。)
(1) ①　(2) ①　(3) ①

4 (1) ① 形容動詞　② 連体詞
(2) ① 連体詞　② 形容詞
(3) ① 形容動詞　② 副詞
(4) ① 副詞　② 形容動詞
(5) ① 副詞　② 形容詞

5 問一 男らしい・連体形
問二 連用形　問三 残酷さ

解説

1 形容詞・形容動詞の連用形は、きちんと確認しておこう。(6)や(7)のように、「ない」につながる活用形は、動詞では未然形だったが、形容詞・形容動詞は連用形なので注意。

2 (2)の「ない」、(4)の「欲しく」は本来の意味の形容詞。(3)の「ある」は動詞(補助動詞)、(5)の「ない」は助動詞である。

3 (1)の②は、名詞「天気」＋助動詞「だ」である。(2)の②は、名詞「辞書」＋助動詞「だ」の連用形「で」である。(3)の②は、形容詞「暖かい」の連用形である。

4 (5)の①の「軽々と」は、形容詞「軽い」の語幹が重なって、副詞になったものである。

5 問二 文章中の形容動詞には、「いやだ」(終止形)、「鈍感だっ」(連用形)、「いやだっ」(連用形、二か所)、「立派だっ」(連用形)がある。「いたずらに」は「むだに」という意味の副詞である。

問三「残酷さ」は、形容動詞「残酷だ」の語幹に接尾語「さ」がついてできた名詞である。

7章 助動詞

⑰ 助動詞の性質・分類

p.80 基礎問題の答え

1 (1) **イ** (2) **エ** (3) **ア** (4) **オ** (5) **ウ**

2 (1) **たい** (2) **られる** (3) **らしい** (4) **よう**
(5) **ない** (6) **だ** (7) **そうだ**

解説 (2)は動詞「覚える」の未然形「覚え」+助動詞「られる」である。ぬき出し方に注意しよう。

3 (1) **ク** (2) **オ** (3) **イ** (4) **カ** (5) **ア**

解説 (1)は、呼応の副詞「まるで」と呼応している。

p.81 標準問題の答え

1 (1) **させる** (2) **ない** (3) **れる** (4) **たい**
(5) **ます**

解説 (1)は「食べさせる。」、(2)は「思わない。」などのように、上の語とともに言い切りの形を考えるとよい。

2 (1) **連体形** (2) **連用形** (3) **連用形** (4) **命令形**
(5) **仮定形** (6) **連用形**

解説 下についている語によって、活用形を見分けよう。それぞれの基本形は、(1)「そうだ」、(2)「たい」、(3)「ようだ」、(4)「させる」、(5)「ない」、(6)「れる」である。

3 (1) **読ん・連用形** (2) **読ま・未然形**
(3) **読む・終止形** (4) **読み・連用形**
(5) **読ま・未然形** (6) **読み・連用形**

解説 下につく助動詞によって、用言の活用形が変わる。(3)の「らしい」には終止形で接続する。助動詞の接続については、本冊P. 94からくわしく説明する。

定期テスト対策
助動詞は、意味・活用・接続の三要素をしっかりとおさえることが大切である。なかでも、意味によって分類して説明されることが多いので、それぞれの助動詞の意味はしっかりおさえておこう。

⑱ 助動詞の種類①

p.84 基礎問題の答え

1 (1) **受け身** (2) **尊敬** (3) **×** (4) **可能**
(5) **自発** (6) **×**

解説 助動詞「れる」「られる」の意味を見分けられるようにしておこう。(3)の「忘れる」、(6)の「あこがれる」は、いずれも一語で下一段活用の動詞である。

2 (1) **させ** (2) **せ** (3) **させれ** (4) **せる**
(5) **させろ(させよ)**

解説 **「せる」は五段活用およびサ行変格活用動詞の未然形につき、「させる」はそれ以外の動詞の未然形につく。**それぞれの「せる」「させる」の活用形は、(1)は連用形、(2)は連用形、(3)は仮定形、(4)は連体形、(5)は命令形である。

3 (1) ○　(2) ×　(3) ×　(4) ○　(5) ×

解説 (2)と(5)の「ない」は補助形容詞。(3)の「ない」は形容詞「少ない」の一部である。

p.85 標準問題の答え

1 (1) C　(2) A　(3) B　(4) B　(5) C　(6) B　(7) C

解説 (1)の「折れ」、(5)の「晴れ」、(7)の「登れ」は、それぞれ「折れる」「晴れる」「登れる」というラ行下一段活用動詞の連用形である。**五段活用動詞とサ行変格活用動詞の未然形「さ」には「れる」が、それ以外の動詞とサ行変格活用動詞の未然形「せ」には「られる」がつく。**

2 (1) **ず・連用形**　(2) **ね・仮定形**　(3) **ん・終止形**

解説 「ぬ」は、活用形によって「ず」や「ね」に形が変わるので、注意しよう。

3 (1) ア　(2) イ　(3) ウ　(4) ウ　(5) ア　(6) イ

解説 (3)は「つまらない」、(4)は「さりげない」で一語の形容詞である。(2)と(6)は「ない」の上で文節がくぎれるので、この「ない」は自立語で形容詞である。

4 (1) **帰られた　尊敬・連用形**
(2) **叱られた　受け身・連用形**
(3) **思い出される　自発・終止形**
(4) **食べられないよ　可能・未然形**

定期テスト対策
「れる」「られる」と「ない」の識別は頻出問題である。解けるようになるまでしっかりと練習しておこう。

19 助動詞の種類②

p.88 基礎問題の答え

1 (1) イ　(2) ア　(3) ア　(4) イ

解説 (1)は話し手が誘いかけている文である。(4)は「決心した」と話し手の意志を示していることから考えよう。

2 (1) イ　(2) ア　(3) ウ　(4) ア　(5) エ　(6) ア　(7) イ　(8) エ

解説 (1)と(7)は、たった今動作が完了したことを表す。(2)・(4)・(6)はそれぞれ「昨日」「三年前」「あの日」という過去を表す語があるので過去、(3)は「白くぬってある壁が」と言いかえることができるので存続である。(5)と(8)は、その事実を、そうだったと確認し、思い出しているので、確認(想起)になる。

3 (1) カ　(2) オ　(3) エ　(4) ア　(5) イ　(6) キ

解説 (4)と(5)は、「来る」の読みに注意して選ぶ。

p.89 標準問題の答え

1 (1) **ます**　(2) **た**　(3) **う**　(4) **×**

解説 (1)の「しなさい」は、動詞「する」の連用形「し」に、尊敬の補助動詞「なさる」の命令形「なさい」がついたものである。(2)の「すてきだ」は形容動詞である。(3)の「ください」は尊敬の補助動詞「くださる」の命令形である。

2 (1) **終止形**　(2) **仮定形**　(3) **命令形**　(4) **終止形**　(5) **連用形**

解説 (3)の「ませ」は「ます」の命令形である。(5)の「たく」の下には「ない」がついているが、助動詞「たい」は形容詞型の活用をするので、「ない」には連用形で接続する。

3 (1) **推量**　(2) **打ち消しの推量**　(3) **完了**　(4) **打ち消しの意志**　(5) **推量**　(6) **意志**　(7) **希望**　(8) **丁寧**　(9) **過去**　(10) **希望**

解説 (2)と(4)の「打ち消しの推量」と「打ち消しの意志」を見分けるには、「ないだろう」(打ち消しの推量)や「ないことにしよう」(打ち消しの意志)と置きかえてみよう。

定期テスト対策

特殊な活用のものは、下に続く語にも注意しながら、活用形を見分けていこう。

「まい」は「う」「よう」の打ち消しと考えればよい。意志か推量かは、助動詞が話し手自身の動作についているか、そうでないかで見分けよう。

20 助動詞の種類③

p.92 基礎問題の答え

1 (1) A　(2) B　(3) A　(4) B　(5) B　(6) A　(7) B　(8) B

解説 (1)は形容詞の語幹に、(3)は形容動詞の語幹に、(6)は動詞の連用形に接続しているので「様態」である。(2)・(4)・(5)・(7)・(8)は活用語の終止形に接続しているので「伝聞」である。

2 (1) **ア**　(2) **ウ**　(3) **イ**　(4) **イ**　(5) **ウ**

解説 (1)は「まるで小鳥のような」といえるので、たとえである。(2)は「いるらしい」、(5)は「確からしい」といえるので、推定である。(3)は「たとえばエジソンのような」、(4)は「たとえばこのような話」といえるので、例示になる。推定は推量とよく似ているが、**確かな根拠（こんきょ）にもとづいて推しはかっているのが、推定である。**

3 **イ**

解説 例文の「らしい」は推定の助動詞である。形容詞をつくる接尾語（せつび）の「らしい」に気をつけよう。見分け方は、「らしい」の上に「である」を入れて、**意味が変わらずに通じれば助動詞である。**イは「形見であるらしい」といえる。

p.93 標準問題の答え

1 (1) **楽しめそうだ・楽しめるそうだ**
(2) **しそうだ・するそうだ**
(3) **暖まりそうだ・暖まるそうだ**
(4) **やわらかそうだ・やわらかいそうだ**
(5) **じょうぶそうだ・じょうぶだそうだ**

解説 様態の「そうだ」なら、動詞の連用形、形容詞・形容動詞の語幹に、伝聞の「そうだ」なら、活用語の終止形に接続させる。

2 (1) **咲くだろう・未然形**　(2) **留守だった・連用形**
(3) **×**　(4) **休みである・連用形**　(5) **×**
(6) **食べるなら・仮定形**　(7) **日曜なのに・連体形**
(8) **作家で・連用形**　(9) **×**　(10) **富士山だ・終止形**

解説　(3)の「静かだ」の「だ」は形容動詞の終止形の活用語尾である。(5)の「だ」は伝聞の助動詞「そうだ」の一部である。(9)の「だ」は過去の助動詞「た(だ)」の終止形である。

3 (1) **晴れです**　(2) **行くでしょう**
(3) **説明させましょう**　(4) **食べません**

解説　丁寧の意味をもつ助動詞「です」「ます」を使う。

定期テスト対策
「だ」の識別は頻出問題である。形容動詞の活用語尾や、過去・完了の助動詞「た(だ)」と識別できるようにしておこう。また、連用形は「で」、仮定形は「なら」と形がまったく変わるので注意する。

21 助動詞の接続

p.96 基礎問題の答え

1 (1) **書かせない**　(2) **投げられまい**　(3) **行くだろう**
(4) **泳ぎたいようだ**　(5) **降りますまい**
(6) **発生しないでしょう**　(7) **飛び上がりませんでした**

2 (1) **す**　(2) **る**　(3) **れ**　(4) **る**　(5) **く**
(6) **き**　(7) **う**

解説　「まい」は、ふつう、五段活用動詞と助動詞「ます」などには終止形に接続し、五段活用以外の動詞と助動詞「せる・させる」「れる・られる」などには未然形に接続する。

3 (1) **静かだろう**　(2) **遅れまい**　(3) **降るそうだ**

解説　用いる助動詞を言い切りの形で示す。(1)う(推量)、(2)まい(打ち消しの推量)、(3)そうだ(伝聞)。(3)は「そうです」の形でも正解である。

p.97 標準問題の答え

1 (1)・(5)　(3)・(4)

解説　「まい」は、打ち消しの「ない」と意志・推量の「う」「よう」を合わせたことばに相当する。

2 (1) **猫でしょう**　(2) **美しいだろう**
(3) **起きたならば**　(4) **行かれたそうだ**
(5) **来たかったでしょう(来たがったでしょう)**
(6) **行かないそうだ(行かぬそうだ)**　(7) **運ばせられた**

解説　加える助動詞を言い切りの形で示す。(1)う、(2)だ・う、(3)た・だ、(4)れる・た・そうだ、(5)たい(たがる)・た・です・う、(6)ない(ぬ)・そうだ、(7)せる・られる。文章としておかしくないようにつなぎ合わせよう。(4)と(6)は「そうです」の形でも正解である。

3 (1) **そうな・様態・連体形　た・過去・終止形**
(2) **られる・尊敬・終止形　だろ・断定・未然形**
う・推量・終止形

解説 (1)の「そうな」は、形容詞「眠たい」の語幹に接続しているので、様態の意味である。

p.98~99 実力アップ問題の答え

1 (1)ス (2)ア (3)サ (4)イ (5)シ (6)カ (7)キ (8)ク (9)コ (10)ウ

2 (1)A (2)B (3)B (4)× (5)A

3 (1)A (2)B (3)B (4)C (5)A (6)C (7)D

4 (1)ます・丁寧 (2)だ・断定 (3)そうだ・様態 (4)ぬ(ん)・打ち消し (5)です・丁寧な断定 (6)だ・断定 (7)ようだ・例示 (8)せる・使役 (9)られる・可能 (10)まい・打ち消しの意志

5 問一 ①打ち消し ②断定 ③推定
問二 A 降らないだろう
B 適していなかったそうだ

解説

1 助動詞の意味を正確に答えられるようにしておこう。(2)の「れる」のようにいくつかの意味をもっている助動詞も多いので、識別のしかたを覚えておくことも大切である。

2 **助動詞「そうだ」の意味の違いは、文脈からと同時に、接続からも判断できるようになっておこう。** ただし、(5)の「そうだ」は特殊な接続をしていて、形容詞「ない」「よい」につく場合には、その語幹と「そうだ」の間に接尾語「さ」が入る。

3 **助動詞「た」の四つの意味を識別できるようになっておこう。** 特に(4)や(6)のように「~てある」「~ている」と言いかえられる存続の「た」に注意しよう。

4 (1)の「ませ」は、丁寧の助動詞「ます」の命令形。(2)の「なら」は、断定の助動詞「だ」の仮定形で、「ば」が省略されている。(4)の「ず」は、打ち消しの助動詞「ぬ(ん)」の連用形。(7)は「たとえばそのような話は」といえるので、例示の意味である。

5 **問二** 加える助動詞を言い切りの形で示す。Aだ・う、Bた・そうだ。Bは「そうです」の形でも正解である。

8章 助詞

22 助詞①

p.102 基礎問題の答え

1

(1) 今月になって桜の花が咲きました。

(2) 米からお酒を作ります。

(3) 誰もぼくのうちへ遊びに来てくれないので、さびしい。

(4) この店はもっと値段が安ければ、客がいっぱい来るのにな。

(5) 中華料理は何でも好きですよ。

(6) 晴れれば、君の家へ遊びに行くね。

(7) いつも負けてばかりいるけれど、今日こそ勝ってやるぞ。

2

(1) ア　(2) ウ　(3) ウ　(4) イ　(5) オ　(6) ウ

(7) ウ　(8) エ

解説　(5)は「これは私のものです。」の意味で、体言に準ずる語であることを示している。

3

ウ

解説　例文の「の」は連体修飾語であることを示す格助詞である。**ア**は終助詞、**イ**は体言に準ずる文節であることを示す格助詞。**エ**は主語を示す格助詞で、「が」に置きかえられる。

p.103 標準問題の答え

1

(1) ク　(2) コ　(3) サ　(4) エ　(5) ア　(6) オ

(7) カ　(8) イ　(9) ケ　(10) シ　(11) ウ　(12) キ

解説　助詞の意味を表す用語には慣れておこう。(2)の「が」のように、希望・好き嫌い・才能などの対象を示す場合の「が」は、「を」に近い意味を表す。

2

(1) ウ　(2) ア

解説　(2)の「が」は希望などの対象を示す「が」で、「を」に近い働きをしている。**イ**の「が」は確定の逆接を示す接続助詞。**エ**の「が」は並立の関係を示す接続助詞である。

3

(1) ① ×　② ○　③ ○

(2) ① ○　② ×　③ ×

(3) ① ○　② ×　③ ○

解説　(1)の①は副詞「ひらひらと」の一部である。(2)の②は形容動詞「豊かだ」の連用形の活用語尾で、③は様態の助動詞「そうだ」の一部。(3)の②は断定の助動詞「だ」の連用形である。

23 助詞②

p.106 基礎問題の答え

1

(1) A　(2) B　(3) B　(4) A　(5) A　(6) A

(7) B

解説　**順接か逆接かは、前後の事柄が順当な事柄か反対の事柄かを判断して見分けていこう。**

2 (1) ウ　(2) キ　(3) エ　(4) ア　(5) オ　(6) カ　(7) イ

3 (1) ウ　(2) オ　(3) ア　(4) カ　(5) エ　(6) イ

解説 (4)は疑問ではなく反語である。**反語は、話し手が確かな答えを持っていながら、疑問の形で相手に問いかける表現のことで、**ここでは、「未成年はたばこを吸ってはいけない」ということを表現している。

p.107 標準問題の答え

1 (1) ウ　(2) オ　(3) ウ　(4) ア　(5) エ　(6) イ

解説 確定か仮定か、順接か逆接かを見分けていこう。まだ起こっていないことは「仮定」だが、(4)のように、**自然や世の中の常として必ず定まった結果が現れるような場合（一般条件）は確定になる。**(2)は前後の事柄を入れかえても文の意味が通じるので、並立である。

2 (1) エ　(2) オ　(3) カ　(4) ウ　(5) イ

解説 「他を類推」は、一つの例をあげてほかのものを広げて考える意味で、(5)の「子どもでもできる」は「大人なら当然できる」ことを類推している。

3 (1) イ　(2) エ　(3) ア　(4) ウ　(5) ウ

解説 (1)は、あとの事柄より先行することを示し、「(〜て)から」と同じような意味を表している。(2)は「健康によくて、おいしい。」ともいえるので並立である。(4)の「いる」、(5)の「しまっ(た)」は補助動詞である。

4 ウ

解説 **接続助詞の「ながら」は、確定の逆接と動作の並行を示す。**例文の「ながら」は確定の逆接である。**ア**と**エ**の「ながら」は動作の並行。**イ**は、「昔ながら」で、「昔のまま」という意味の副詞である。

定期テスト対策

四種類の助詞について覚えておくべきおもなポイントは、次のようになる。

格助詞…**おもに体言につく。**格助詞の「格」は「資格」のことで、**文節と文節の関係（資格）を示す。**

接続助詞…文節のつなぎ目に注目する。仮定か確定か、順接か逆接かを判断する。

副助詞…いろいろな語についてさまざまな意味をそえる。

終助詞…おもに文末や文節の切れめにある。

p.108〜109 実力アップ問題の答え

1 (1) エ　(2) ア

2 エ

3 格助詞＝エ・コ・サ・セ・ソ・チ・ツ
接続助詞＝イ・オ・カ・ケ・ス・タ
副助詞＝ア・キ・ク・シ
終助詞＝ウ

4 (1) 断定の助動詞「だ」の連用形「で」＋副助詞「も」
(2) 形容動詞「きれいだ」の連用形活用語尾「で」＋副助詞「も」
(3) 接続助詞「でも」

(4) 副助詞「でも」
(5) 格助詞「で」＋副助詞「も」

5 (1) オ (2) イ (3) エ (4) ア

6 (1) ア (2) イ (3) オ (4) エ

解説

1 (1)の例文の「さえ」は、他を類推する意味である。ア・イの「さえ」は、「さえ〜ば」の形で、限定の意味、ウの「さえ」は添加の意味である。(2)の例文の「ばかり」は、限定の意味である。イの「ばかり」は程度の意味、ウの「ばかり」は完了して間もない意味、エの「ばかり」は「〜しそうである」の意味である。

2 **A・B・J**の「の」は連体修飾語を示す格助詞、**C・D**の「の」は主語を示す格助詞、**E・H・I**は体言と同じ資格を示す格助詞、**F・G**の「の」は終助詞である。

3 **助詞の「は」は、主語を表すことがあるが、「が」などと違って、副助詞である。**

4 「でも」の識別は、頻出問題である。**まず、「も」を取り除いて意味が通るかどうかを調べよう。**意味が通れば、「で」＋副助詞「も」で、「で」を見分けていく。意味が通らなければ、接続助詞「でも」か副助詞「でも」のどちらかである。

5 終助詞を除いた文と意味を比べてみよう。

6 同感の意味の「ね」は「そうですね。」などと用いられる。

9章 敬語

24 敬語①

p.112 基礎問題の答え

1 (1) B (2) C (3) B (4) A (5) B (6) C (7) B (8) B (9) A (10) B

解説 (1)・(3)・(5)・(7)・(8)・(10)は、自分または自分側のことを表しているので、謙譲語になる。

2 (1) おっしゃる (2) くださる (3) なさる (4) いらっしゃる (5) いらっしゃる (6) 召しあがる (7) いらっしゃる

解説 (4)・(5)・(7)は、それぞれもとの動詞が「来る」「いる」「行く」と異なるが、尊敬語に直すとこれらの動詞は「いらっしゃる」となる。

3 (1) A お座りになっ　B 座られ
(2) A お持ちになり　B 持たれ
(3) A お乗りになり　B 乗られ

p.113 標準問題の答え

1 (1) 奥様 (2) どなた (3) このかた (4) 御社 (5) あなた・先生 (6) 君 (7) 貴学 (8) お客様

解説 「体言(名詞)」といわれているのに注意。(1)「お元気」は「元気です」という形容動詞、(8)「ご案内」は「案内する」という動詞であるので、あてはまらない。

2 (1)・(3)・(4)・(6)・(7)・(8)

解説 (2)は「ご主人」、(5)は「快適なご旅行」、(9)は「お出迎え」が適切である。一般的に、接頭語「ご」は漢語につき、「お」は和語につく。

3 A 尊敬　B になりますか　C おっしゃった(言われた)

㉕ 敬語②

p.116 基礎問題の答え

1 (1) ① 行く　② 来る　(2) ① 食べる　② もらう
(3) ① 訪問する　② 聞く　(4) ① 来る　② いる

解説 (3) ①は「行く」でも正解である。(4) ①「こちらに」、②「ご自宅に」などの方向や場所を示す格助詞に注意しよう。

2 (1) です　(2) ます　(3) ませ　(4) ましょ
(5) でしょ

解説 ふつうの文体から、「です」「ます」の文体に直す問題である。文の意味を変えてしまわないように注意しよう。

3 (1) 申す　(2) いたす　(3) いただく
(4) 拝見する　(5) おる　(6) 差しあげる
(7) うかがう(まいる)

解説 (6)「さしあげる」は、もともとの形は「やる」である。たとえば「花に水をやる」「犬にエサをやる」というように使う。「花に水をあげる」「犬にエサをあげる」といった表現も使われることがあるが、本来は「やる」が正しい表現である。

p.117 標準問題の答え

1 (1) いただき　(2) いたし　(3) まいり　(4) 申し
(5) いただき

解説 文中の(　)に合う形に直すことに気をつけよう。

2 (1) お会いしたい　(2) いらっしゃいますか
(3) いかがでしょうか　(4) お持ちになっていない
(5) 存じて(存じあげて)

解説 (1)・(5)は謙譲語に、(2)・(3)・(4)は尊敬語に直す。

3 A 謙譲　B 兄　C まいります

定期テスト対策
尊敬動詞と謙譲動詞は、そのもととなる普通動詞とともに覚えておくことが大切である。
特定の形をとる敬語動詞がない場合、「お(ご)〜になる」(尊敬語)、「お(ご)〜する」(謙譲語)という形にする。

㉖ 敬語の正しい使い方

p.120 基礎問題の答え

1 (1) ① ○　② ×　(2) ① ○　② ×
(3) ① ○　② ×

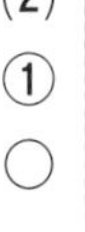

解説 (1)「姉」「父」など、**相手に対して自分側にあたる人の動作は、ふつう謙譲語を用いる。**②は、「先生」の動作に謙譲語を用いているので誤りである。

(2) ②は、「チケットを受け取る」のは誰(だれ)かを考えれば、わかる。「チケットを受け取る」のが自分または自分側ならば「いただく」という謙譲の動詞を用いるが、相手側の動作ならば「お～になる」を用いて「お受け取りになってください」とするのが正解である。

(3) ①は「行く」という動詞に「れる」「られる」をつけて、尊敬の意味を含(ふく)む形に変えている。②は、お客様の動作には尊敬語を用いるので「あちらにいらっしゃいます」とするのが正解である。

2 (1) **ア**　(2) **イ**　(3) **ア**

解説 (1) **イ**「連絡いたします」、**ウ**「お見舞いにうかがった」などとするのが正解。

(2) **ア**「お叱(しか)りになる」、**ウ**「立っております」などとするのが正解。

(3) **イ**「いらっしゃった」、**ウ**「行きます」などとなる。

自分側の動作に謙譲語、相手側の動作に尊敬語を用いることを考えて解く。

3 (1) **召しあがり**　(2) **ご覧になって**

(3) **ご欠席なさった**　(4) **ご記入なさっ(ご記入になっ)**

(5) **存じません**

解説 (3)は尊敬語「ご欠席なさる」に、尊敬の意味を表す助動詞「れる」がついて、必要以上に敬語を用いている。

p.121 標準問題の答え

1 **おっしゃる**

2 (1) **ご覧になっていた**　(2) **いらっしゃる(来られる)**

(3) **いたします**　(4) **おっしゃる**

(5) **お宅／うかがう**　(6) **お待ちください**

(7) **差しあげましょう**

3 (1) **お話しになられる→お話しになる(話される)**

(2) **寄って→お寄りになって(寄られて)**

(3) **いらっしゃいます→おります**

(4) **いただいて→召しあがって**

(5) **尋ねたい→お尋ねしたい(うかがいたい)**

解説 (1) 先生の動作なので、尊敬語にするが、「お～になる」の形に、尊敬の意味を表す助動詞「れる」がついて、必要以上に敬語を用いている。

(3) 自分側の人物が目上の人であっても、他の人に対して言うときは、ふつう謙譲(けんじょう)語を用いる。

(5) 先生に対して行う動作なので、謙譲語を用いる。

p.122～123 実力アップ問題の答え

1 (1) **ア**　(2) **イ**　(3) **ウ**　(4) **ア**　(5) **イ**

(6) **イ**　(7) **ア**　(8) **ウ**　(9) **ウ**　(10) **イ**

(11) **イ**　(12) **ア**

2 (1) **イ**　(2) **イ**　(3) **ア**　(4) **イ**　(5) **イ**

(6) **ア**

3 (1) うかがう　(2) なさら　(3) お話しする
(4) ご覧になっ　(5) いらっしゃい　(6) 申し

4 (1) ウ　(2) イ　(3) ウ　(4) ウ

解説

2 (1) 問題の「いただく」は「もらう」の謙譲語である。アの「いただく」は**「食べる」の謙譲語**である。
(2) 問題の「いらっしゃる」は「いる」の尊敬語である。アの「いらっしゃる」は**「行く」の尊敬語**である。
(4) **「れる」「られる」は可能・受け身・自発の意味にも用いる**ので、どの意味で用いられているかに注意しよう。
(5) 問題の「ございます」は補助動詞として用いられている。**ア**は丁寧（ていねい）の意味を含む動詞である。
(6) 名詞を丁寧に表現している「お」を選ぼう。

4 (1) 先生に対してなので尊敬語を用いるので、**ア**は「お会いになって」となる。また、**イ**は「中田先生はいらっしゃいますか」または「おられますか」になる。
(2) **ア**は尊敬語を用いて「奥様は、今日お宅にいらっしゃいますか」となる。**ウ**の「拝見する」は謙譲語なので、相手が「見る」場合には「ご覧ください」を用いる。
(3) **ア**は「お財布を落とされた」とするとよい。「お財布をお落としになられる」は「お～になる」＋「れる」で二重の敬語となってしまう。**イ**は「どちらからお乗りになったのですか」といった言い方が適切である。
(4) **ア**は、「夫」が自分側であることから、夫から妻への動作に対して敬語を使う必要はない。「連絡をくださる」ではなく、「連絡をする」でよい。**イ**は、「先生」をつける必要はない。自分側の人物が目上の人であっても、他の人に対して言うときは「先生」や「さん」をつけず、「校長」「田中」などとするのが正しい表現である。

p.124～125 第1回 模擬テストの答え

1 イ

2 ウ

3 (1) イ・カ　(2) ア・ケ　(3) エ・ク　(4) ア・コ
(5) ウ・キ

4 エ

5 (1) エ　(2) ア　(3) ア　(4) ウ

6 (1) イ　(2) エ

解説

1 単語ごとに分けると次のようになる。
歩く｜一人｜が｜多く｜なれ｜ば｜それ｜が｜道｜に｜なる｜の｜だ。
上から四番目は「多く」で、形容詞の連用形である。

2 「あばれ」は動詞、「させ」は使役の助動詞、「ない」は打ち消しの助動詞、「ように」は目的を表す助動詞である。

4 「今日……楽しいことだ」の部分が心中語である。「私は」と「思うのですが」が**主・述の関係になる**。

5 (1) 問題の「ない」は打ち消しの助動詞。**ア**は形容詞「あどけない」の一部、**イ・ウ**は形容詞の「ない」である。

(2) 問題の「ような」は例示の助動詞。**イ・ウ**はたとえ、**エ**は推定の意味を表している。

(3) 問題の「られる」は受け身の助動詞。**イ**は可能、**ウ**は自発、**エ**は尊敬の意味を表している。

(4) 問題の「だ」は過去の助動詞。**ア**は断定の助動詞、**イ**は形容動詞の一部、**エ**は助動詞「そうだ」の一部である。

6

(1) 私が先生に対してするのだから、謙譲語になる。

(2) **ア・イ**は尊敬語、**ウ**は丁寧語である。

p.126〜127

第2回 模擬テストの答え

1

(1) **ラ行五段活用終止形**　(2) **カ行変格活用連体形**

(3) **バ行下一段活用未然形**

(4) **タ行上一段活用連用形**

(5) **サ行変格活用未然形**　(6) **れ・オ**

(7) **たけれ・イ**　(8) **そうな・キ**　(9) **た・コ**

(10) **で・ウ**

2 **ア・エ・オ　イ・ウ・カ**

3 (1) **エ**　(2) **ウ**　(3) **ア**　(4) **エ**

4 例 **いらっしゃる(のですか。)**

5 (1) **ウ**　(2) 例 **静かなことです**

解説

2 **ア・エ・オ**は用言を修飾(しゅうしょく)しているので副詞。**イ・ウ・カ**は体言を修飾しているので連体詞である。

3

(1) 問題の「の」は、「〜が」と言いかえることができる、主語を表す格助詞である。 ②

(2) 問題の「に」は格助詞である。**ア**は接続助詞「なのに」の一部、**イ**は形容動詞「きれいだ」の一部、**エ**は助動詞「ようだ」の一部である。

(3) 問題の「さえ」は、一例をあげて他を類推させる意味を表している。**イ**は添加(てんか)、**ウ・エ**は限定の意味を表している。

(4) 問題の「と」は接続助詞である。**ア**と**イ**は格助詞、**ウ**は副詞の一部である。

4 「来られる」「おいでになる」などでもよい。

5

(1) 助動詞の「です」「ます」がつくときは丁寧(ていねい)な表現である。

(2) 「よさ」が名詞なので、「静かだ」に「こと」などの名詞をつける。